SCIENCE

岩波科学ライブラリー 259

ちいさい言語学者の冒険

子どもに学ぶことばの秘密

広瀬友紀

岩波書店

まえがき

私たちは小さいころにいつのまにか、日本語をいとも自然に身につけ、大人になった今は立派に使いこなしています。ですが、自分がいったいどのようにことばを習得してきたのか、今になって振り返っても、その過程を思い出すことは残念ながらほとんどできません。

また、私たちは日本語をいつのまにか立派にマスターした、ということは事実だとしても、じゃあ「あることばをマスターした」というのは、いったいどんな知識を身につけたことになるのか。じつは、そのことからして私たち自身ちゃんと把握しているとは限らないのです。国語の時間に覚えさせられたあの動詞活用形、テストで100点とれなかった人も、自分が日本語を話すときに動詞の形を間違えることはありません。これってどういうこと？

さらに、日本語のネイティブだから、日本語だとそう言うのはあたりまえだから、かえってわかっていないことは実はたくさんあります。山ほどある中のほんの一例ですが、「おんな」と「こころ」という語をくっつけたら「おんなごころ」というふうに「こころ」にテンテンがつくのに、「おんなことば」だと「こ」にテンテンはつかない。言われなくても実際には言い間違えないけど、どういう理屈でそう決まっているのか考えたことがなかった、というのが普通だと思います。だけど私たちみんな、無意識にわかっているらしい（だから言い間違えることはない）。だけど…だけど…何をわかっているからなのかがわからない！

私たち大人が自力で思い出せない、「ことばを身につけた過程」、直接のぞいてみられない「頭の中のことばの知識のすがた」を、子どもたちの助けを借りて探ってみましょう。子どもたちはそうした知識をまさに試行錯誤しながら積み上げている最中です。大人の言うことを丸覚えにするのでなく、ことばの秩序を私たちが思うよりずっと論理的なやり方で見いだし、試し、整理していく——子どもたちが「ちいさい言語学者」と呼ばれるゆえんです。

この本に、そんなちいさい言語学者たちの冒険にお供して実況する、というイメージで書きました。ことばってなんと奥が深い知識体であることか、そしてそれを遠い昔に自力で身につけた、かつての自分の頭の中ではどんなに面白いことが起きていたことか。子どもたちに案内してもらい、もういちどあなた自身がいつか歩んだあの道を旅してみませんか。

本書でメインの案内役をつとめるのが、私自身の不肖の息子Ｋ太郎（現在7歳）、それから、本書の編集を自ら担当してくださった、岩波書店自然科学書編集部編集長・浜門麻美子氏の娘さんであるＹちゃん（現在8歳）です。いろんな年齢の時点での彼らが随所に登場し、ことばの珍プレー好プレーを披露してくれます。

ひとつ心に留めおいていただきたいのですが、Ｋ太郎やＹちゃんのことばの使い方を紹介することにより、「普通何歳くらいでこういうことを言うようになる」「ここまで身につく・

つかない」という目安を示すというつもりはありません。文献に書かれた「○歳くらいで〜だといわれている」というような一般論も中には紹介してはいますが、本書で紹介する子どもたちによる具体例は「一般的な平均」を意図していません。いわゆる「旅」といっても、たとえばどんなルートでどんな移動手段を使うか、どこでゆっくり時間をとるか、名所をめぐるか美味しいものを食べることを優先するか人それぞれであるように、ことばの旅のありかたも人それぞれ。世界には、子どもたちにとってステキでワクワク面白いことが他にもたくさんあるなかで、ことばを使っておしゃべりする楽しみを、他の関心事よりどれだけ優先させるのかも子どもによって違うでしょう。そのあたり、K太郎とYちゃんというたった二人の子どもの間にも、男女差、年齢差、それ以外のいろいろな側面での個人差がかなりあります。なので、本書で紹介する例については、その年齢の子どもの平均的姿がこうなのだろうと考える代わりに、「とにかく、この時点でこの子のアタマの中では何が起こっているのかな?」というところに主に好奇心を発揮していただけるとうれしいです。

そしてもちろん、こうした案内役の存在は、あなたの身近に……家庭に、近所に、親戚に、ファミレスの隣のテーブルに、ある日乗り合わせたバスの後ろの席に、どこにでも見つけることができるでしょう。

本書は、何かを体系的に学習してほしいという発想で書かれていない点でも、多くの入門書や概説書と異なります。言語習得(獲得)や言語学の研究論文をしっかり網羅的に紹介することによって「言語習得とはなんぞや」という概論的な解説をしようというものではありません。むしろそうした研究論文そのものについての紹介や用語の解説も少なめに抑えました。そして本文では、実際に自分が見聞きして得られたナマの観察からどんなことが伝えられそうか、ということを第一に考えて書きました（要するに、単純に、面白いから聞いて欲しい、というネタありき、です）。そのうえで、言語習得の研究分野で関連する話題とはできるだけつなげられるよう考えて整理してみましたが、結果的に「音」「語の形」「文法」「語の意味」「裏の意味」「言語への意識」など、言語学が対象とする「ことばの側面」の中の意外に広い範囲をカバーすることができてしまい自分で驚いています。といいつつ「あれも入れたかった」「どうせならこれも」と後からわき出る欲望を抑えているところではありますが……。

本文の内容に直接関連する文献は最後にまとめて挙げましたが、加えて「子どもの発話からわかることについてもっと知りたい」「本文に登場するのは決して特殊なケースじゃないよね」という気持ちを持ってくださった方におすすめの入門書も何点か挙げました。

また、ところどころ日本語以外の例も適宜日本語に訳して挙げてありますが、それらが示すのは、この本の中で書かれたことは日本語限定の話でなく、世界中のことばで、世界中の子どもたちがそれぞれちいさい言語学者として冒険の旅をしているのだということです。

さてそれでは、どうか楽しい旅になりますように！

目次——ちいさい言語学者の冒険

カバー・本文イラスト＝いずもり・よう

第1章

字を知らないからわかること

「は」にテンテンつけたら何ていう?

あなたは何歳くらいで字を読みはじめましたか?　と言われても、今さらそんなこと覚えていないものですよね。記憶をたどると、絵本や身近にあるパッケージ、街の看板などから自然に文字に興味がでてきて、小学校にあがるころには読める字がちらほらあったように思う、という人はけっこういるかもしれません。ひらがな、カタカナに関心を持ちはじめたあのころの自分を思い出しながら、この先を読んでみてください。

仮名には「テンテン」記号がありますね。大人には「濁点」といったほうがわかりやすいかもしれません。あらためて考えるとちょっと不思議なこのテンテンのことを、子どもはどんなふうに思っているのでしょうか。ためしにこんなクイズを子どもに出してみましょう。

「「た」にテンテンつけたら何ていう?」

「da(だ)だよ」と答えてくれる子、たぶん多いと思います。ここでは、きっと口頭で答えてくれるのでしょうから、文字としての「だ」ではなく、「だ(da)」という発音(もしくはそう聞こえる発音)のことをいうのだと、はっきり区別したいときはローマ字で書きますね。

さらにクイズを続けましょう。

「「さ」にテンテンつけたら何ていう?」

さっきda(だ)って答えてくれた子なら、おそらくすぐに「za(ざ)だよ」って答えてくれるはず。きっと「か」にテンテンでも同様、すぐに「ga(が)だよ」と返ってくるでしょう。で、問題は次です。

「「は」にテンテンつけたら何ていう?」

さて、なんて答えるかな? じつはここで急に「うーんわかんない」っていう子どもがけっこういるんです。あるいはなぜか、ga(が)って答えてみたり、「$%6」(↑ローマ字で表せないのでデタラメ記号で表現してみましたが、ha(は)を力《りき》みながら出したような音でした)とか、なかにはa(あ)と答える子どももいるらしいとか、とたんにさまざまな珍回答が出てくるようです。幼い子どものテンテンの理解なんてこんなもの…?

でもこれって、本当に「間違い」なんでしょうか。じつはこれを聞いて、「正しい! ある意味大人より正しい! ありがとう子ども!」と大いに感激する人もいます。それは言語学者。「「は」にテンテンはga(が)」と答えた子(Nちゃん)のお母さんは言語学を教える大学教員で、感動のあまりこれを期末試験のネタとして出題したのだとか(十数年前のことだそうです…と思ったら論文にもなっていました)。感動の理由は、大人より子どものほうが、ことばで使われる音を客観的に整理できている、と思ったからでしょう。

ひょっとしたら、これを読んでいる方のなかにも、「は」にテンテンでba（ば）って読むほうがおかしいんじゃない？　っていうか、なんで「は」だけマルがついたりするの（「ぱ」）、なんてかつて思ったことのある人いませんか？

テンテンの正体

そもそもこの「テンテン」（濁点、濁音符ともいう）とは何でしょうか。「濁音化させるもの」と言ってしまえばそれまでですが、じゃあ「濁音化」って何でしょう。

まず、「はーば」以外の例のほうがわかりやすいので、そちらから見てみましょう。とりあえずア段で例をあげてみます（イ段とウ段だけは少し説明が複雑になります）。

「たーだ」「さーざ」「かーが」それぞれのペアを実際に発音してみてください。ペア同士、口の中で起こっていることが同じだと確認できるはずです。「たーだ」であれば、どちらも、舌は上の歯ぐきの裏の絶壁みたいになっているところにいったんくっつけて、それを思い切って離すような感じで発音しますね。「さーざ」であれば、同様の位置で、ただし、くっつけてぱっと離すというよりは、空気の摩擦が伴っている感じ、というのがこのペアの中で共通しています。「かーが」ならば、それこそ「カ〜ッ、ペッペッ」じゃないですが、口の中でも喉により近い奥のほうで何か閉じてから開いているような感覚で共通しています。

つまりこれら「テンテンあるなし」のペアは、それらの音を、口のどこを使ってどんなふうに発音(調音)するかという点で明らかな対応関係があることがわかります。じゃあテンテンがあるのとないのとは、どう違うのでしょう。

じつは、口の中で発音に使う場所は同じでも、発音の素材にする空気の流れが、テンテンあるなしの場合で異なった性質を持っているのです。テンテンがついていないほうは、肺からの空気の通り道にある声帯を震わせずに口まで到達した空気の流れを使って発音した音です。これらは「無声音」とよばれます。テンテンがつくほうはその声帯が少し狭められ(自覚はできませんが)、そこを通る呼気が声帯を震わせながら口の空間まで到達したものを使って発音する、いわゆる「有声音」です。(喉に手を当てると振動が感じられます。)

ということは、「濁音化」(テンテンをつけること)というのは、無声音と有声音のペアが成り立つ音において、無声音を有声音に切り替えることを言うのですね。(「ペア」が成り立つ音ばかりではありません。「な」「ま」「や」「ら」行の音や母音にはテンテンはつけられませんが、これらはもともと「有声音」だというわけです。)で、このテンテンによって無声音から有声音に切り替わるときに、口のどこを使ってどんなふうに発音するか、という特徴は共通したままでなければなりません。「たーだ」「さーざ」「かーが」はその点で、ちゃんと対応がありますね(ここでは「たーだ」「さーざ」…の子音部分のことを言っています)。

「は」と「ば」の関係は普通じゃない

最初に戻って、「は」にテンテンはどうでしょうか？

まず、「は」は喉の奥のほうで空気が摩擦されるような音だというのは、実際に発音してみたら実感できますね。声帯がある付近で、かなり奥なんです。じゃあ「ば」はどんな音でしょう。「ば」を実際に発音すると、じつは喉の奥でなく、そこからむしろもっとも遠い、唇を閉じて離す動きをしていることがわかるでしょう。ちなみに唇を使った音は赤ちゃんにとってもっとも習得しやすい音とされています。赤ちゃんが最初に覚えそうなことば「まんま」「ぶーぶ」「ママ」「パパ」などがそうですね。

「は」と「ば」に話を戻すと、他のペアに成り立っている対応関係がそもそも「は」と「ば」の間には成立しておらず、喉の奥と唇、という、口のなかのまったく異なる場所を使って発音される音だということがわかります。おかしいじゃないか！

子どもはテンテンの正体を知っている

この「おかしさ」、大人は最初からそういうものだと疑問も持たないのが普通だと思いますが、子どもは違います。「は」にテンテンは？　と聞かれたら、発音の方法（口のどの辺でどんなふうに出す音か）は同じだけど有声音に変化しただけの音が正解のはずだと見抜いて

います。

　実際には、喉奥の声帯付近で摩擦をおこしながら声帯を振動させる有声音というのは特殊で困難な発音なので、「うーんわかんない」（そんなの日本語にない）というのは極めてまっとうな反応。あるいはあえて発音すると、なんとこれは「あ」に近い音に聞こえるそうです（hも「あ」も喉の奥を狭めるという意味で共通しています）。「$%6」（ha（は）を力みながら出したような音）というのも、声帯を辛うじて緩く振動させた結果の「息漏れ音」とよばれるもの。またga（が）は、日本語で自然に発音できる有声音候補の中ではもっとも喉の奥に近い音。そういえば、昔の日本人は大陸から伝わった漢《ハン》の字を「かん」と読み伝えましたっけ。先ほどの子どもたちのいろんな答え、珍回答どころか、どれもそれぞれ理にかなっているではないですか！

　こう考えると、ここでは大人にとって当然の正解を答えないことがむしろ正しいと言いたくなります。「テンテン」の機能は何かを、子どもがちゃんと一貫性をもって捉えていることがわかるでしょう。

じつは、「は」にテンテンは？ と聞かれて「$%6」と答えたのは私自身の息子（K太郎、当時3歳）なのですが、親としてひとつ後悔していることがあります。それは――

「ba（ば）からテンテンとったら何ていう？」

って聞いておけばよかった〜！

もしみなさんの周りに3〜4歳くらいのお子さんがいて、仮名を巨大ですこしずつ覚えはじめているけれどまだ丸暗記するレベルに至っていないようなら、ぜひ「ba（ば）からテンテンとったら何ていう？」って聞いてみてください。

何て答えると思いますか？ 口の同じ位置をbaと同じように使って発音する（両唇を一度閉じて、離す）、ただし有声音を無声音に変えた音のはず、だと推理してくれるでしょうか。だったらha（は）とは答えないはず。もしかして、もしかして、pa（ぱ）って答えてくれないかな！

「は」行は昔「ぱ」行だった

つまり、「た―だ」「さ―ざ」「か―が」の間に成立している対応関係が成り立っているのは、「ぱ（pa）」と「ば（ba）」の間のほうなんですね。日本語の音のシステムでは「は」「ぱ」

「ば」が奇妙な三角関係をつくっているようですが、「ば(ba)」の本来のパートナーは「ぱ(pa)」と考えるべきです。じつは、大昔の日本語では、現在の「は」行音はpの音であったことがわかっています(ひよこが「ぴよぴよ」鳴くのも、ひかりが「ぴかり」と光るのもそれに関係ありそう)。その後、日本語のpの音は「ふぁ」みたいな音に変化していったらしく、室町時代に日本を訪れた宣教師による報告書では、現代の日本語なら「は」行で表されるべき音が、「ふぁ」の音に対応する文字で表記されています。そして最終的には今の「は」行音となり、現代日本語における三角関係に至るわけです。

このように歴史的な音の変化により、ある言語の中にその言語特有の不規則な部分が生じてしまうことは珍しくありません。けれども、現代の日本語ではすでに「もともとそうなっている」わけなので、それをそのまま身につけて使えば何の不自由もありません。エンピツ(いっぽん、にほん、さんぼん)や子ぶた(いっぴき、にひき、さんびき)も自然に数えることができています。

字をマスターする前だから気づく

私たち大人は、仮名のシステムや読み書きの作法はとっくの昔にマスターしていますし、どうやって覚えたかというプロセスもはや覚えていないでしょう。現に日本語を使いこなしている立派な実績があり、「は」にだけマルがつくことなどにいちいちツッコミを入れようとも思いません。「は」にテンテンをつけた発音だと私たちが思っている音がじつは特殊だと気づく必要もきっかけもありません。日本語の母語話者にとっては当たり前だから。

ところで、子どもは何歳くらいでひらがなやカタカナを覚えるでしょうか。お話が好きなお子さんなら、お母さんお父さんが早いうちから教えてあげるご家庭も多いでしょう。あるいは、子ども自身が自分の身のまわりで目にするものをきっかけに、自然に少しずつ覚えていくという場合もあるでしょう。最初から親の教えるとおりに丸覚えしてくれる子どももいるでしょうが、多くの子どもは親の知らない間に自分で少しずつ覚えていきますね。

ことばの知識を探索中の子どもは、大人が当たり前として共有していることを当たり前だと思っていません。そもそも、「世界にはいろんなことばがあって、全部あわせると本当にたくさんの音があるんだけど、あなたが覚えようとしている日本語で使う音はこれとこれだよ、五十音の表にしてあげようね」などとは、どんなに優しい、あるいはどんなに教育熱心なママでも、赤ちゃんのときにいちいち教えないし、仮に教えたって赤ちゃんは聞いてないでしょう。子どもは、自分自身の経験や観察をとおして、日本語ではどんな音が使われて、どんなふうに整理されているのかということを自分の力で身につけていきます。

幼児英語教材の広告では、よく「小さい子どもは英語のLとRなどすべての音の違いを聞き分けられるのです！　今のうちにぜひ早期教育を！」などと謳っていますが、日本で育つ子どもにしてみれば日本語を身につけるのが最大ミッションなわけですから、いい年して

（ってまだ子どもですが）いつまでもＬとＲを聞き分けている場合じゃないのは道理です。むしろ、「日本語ではＬとＲは聞き分けない」ことを学ばねばならないのです。

自分の身のまわりで、親、きょうだい、親戚や保育士さんや先生が話していることばにはいろんな音があって、どんな特徴をもとに整理できるのか、音と音の関連を見いだせるのか、音の使われ方にはどんな決まりがあるのかという知識を、子どもは無意識のうちに脳内で一生懸命つくりあげます。そしてやがて、音と文字との関係についても知識の幅を広げていくのです。そのさい、歴史的な変遷の絡んだ日本語の特殊事情まで最初から了解済みなんてことはありません。なので、しばしば大人から見たら単純な間違いをすることもありますが、「「は」にテンテンつけたら何ていう？」と聞かれたときのさまざまな珍回答は、大人が見逃している、言語音の背後にある一貫したシステムや法則性について私たちにむしろ多くのことを教えてくれているのです。

子どもと外国人に教わる日本語の秘密

ちなみに、大人の母語話者が見逃している、日本語のなかの隠れた法則について教えてくれるありがたい存在として、子どものほかに、外国人（日本語を外国語として学習している人たち）があげられます。

「おんな」＋「こころ」は「おんなごころ」で「こころ」が濁音化（連濁）するけど、「おんな」+「ことば」で「おんなごとば」になることはない、なぜだろう? という問いの答えは「ライマンの法則」とよばれています。ふたつめの語にすでに濁音が含まれていると連濁は起こらないのです。言われてみると目からウロコだし、むしろどうしてこれまで知らずにいられたんだろう? この法則を初めて知ったとき、私自身はそう感じました。

この法則に気づいたベンジャミン・スミス・ライマンさんは、明治時代にアメリカから日本に招かれた鉱山技術者だそうですが、ことばへの直感も鋭い人だったのですね。日本語の母語話者はそんな法則にコントロールされていることも意識しないまま日本語を使いこなしているわけですが、日本語習得途上の人たちに逆に日本語の秘密を教わるだなんてワクワクします。(じつは江戸時代の国学者もこのことをすでに指摘していたとのことですが、少なくともライマンさんはそのことを知らなかったでしょう。)現代では、ライマンの法則の例外を正確に整理して説明することも言語学者が関心を寄せる課題のひとつです。

このように、言語に高い関心を持った大人は自分の発見をちゃんと記述して説明してくれますが、子どもはそこまでやってくれない。だから、子どもから何を学びとるかは大人しだい。子どもたちに案内してもらって、ことばの世界をもっともっと冒険したいものですね。どんなに遠い旅になるでしょうか? いえ、じつは世界のすべては私たちの頭の中にあるのです。それを目をこらしてのぞき込むのが、ここでいう「ことばの世界の冒険」です。

数があわない

さて、次の珍事例をご紹介しましょう。またしても3歳児K太郎、『れっしゃずかん』というタイトルの絵本を見て、「これ何て書いてあるの?」と聞きます。親は「れっしゃずかん」よ」と書かれているままを読み上げて教えたのですが、どうも納得しない様子。

「なんで「し」があるのっ⁉」

じつは彼は、何と読むべきなのかはわかっていたらしいのですが、「し」という字が含まれていることに文句があるようです。いやいや、そこで怒られても。それにしても何が彼にとって納得いかないのでしょう。

わたしたちはすでに仮名の読み書きをマスターしていますから、「さ、し、す、せ、そ」の音も「しゃ、しゅ、しょ」の音も疑問なく表記することができます。だけどここであえて考えてみましょう。「さ、し、す、せ、そ」のそれぞれを、子音部分(sの音ですね)と母音部分(a)に分けたとして、じゃあ「しゃ」の中の子音部分っていくつの音でしょうか? 文字ふたつ分だからふたつの音? でも「し」と「ゃ」を別々に発音するわけでもないからそれも変ですね。ちょっと悩みましたか? この悩み、日本語の表記の少々特殊な点に絡んでいます。

客観的にみたら、つまり、世界共通で使われる音声学の記号でいえば、「さ、す、せ、そ」の子音はｓで、「しゃ、し、しゅ、しぇ、しょ」の子音はｓよりちょっとだけ後ろの位置で発音するʃです(どういうわけか「し」だけが「さ」行から仲間はずれですが、実際に発音してみたら、「し」だけ歯茎より後ろで発音していることが実感できるでしょう)。さて、これらｓもʃもどちらも独立したひと単位の子音です。つまり、「しゃ」の子音部分は、音の単位としてそれ以上分割されることはありません。日本語にはʃに直接対応した仮名がないので、次善の策として「し」と「ゃ」の組み合わせでこれを表すここに決めたまでです。

昔のやまとことばではｓとʃを区別して別々の文字に対応させなくても困らなかったのでしょうが、漢語が入ってくるに伴い、それまで日本語になかった音を手持ちの仮名でどう表すか、それぞれの時代で工夫されてきました。最終的に現代の日本語では「しゃ、しゅ、しょ」「ちゃ、ちゅ、ちょ」「にゃ、にゅ、にょ」といった表記法でいわゆる「ねじれる音」(拗音)を表すよう定められています。だからといって、「しゃ」という文字列で表記される音の中に、「し」の音がまるごと含まれるという意味ではないのです。英語のthの発音だって、tとhのふたつの音が入っているわけではないというのと似ています。

私たちは「しゃ、しゅ、しょ」はこう書きます、と教わった表記方法を学習して受け入れているので、なかには「これは2文字分だから音もふたつの音の組み合わせ」なのだと思っている人もいるかもしれません。本当はそれは違うのですが、仮にそう思い込んでいたとしても、「しゃ、しゅ、しょ」を正しく発音できて正しく聞き取ることができる限り、日常生活に何の問題も生じません。だけど、子どもはまさに「日本語で使われる音のレパートリー」整理作業の真っ最中。「なんで「しゃ」の中に「し」があるのっ⁉」って指摘するのももっともです。

もし子どもからこんな質問をされたことがあるとすれば、そして、「そういえばどうして？」と答えに悩んだことがあるとすれば、またひとつ、ことばの世界の冒険への扉が開かれたことになるのです。

納得できない「ぢ」と「じ」

さて、大人にとってことばの世界の冒険は、「子どものころの自分に戻って、もういちどあらためて楽しんでみましょう」なんて悠長なことを言っててもいいものなのかもしれませんが、子どもにとってみれば、この冒険は最重要といってもいい必須事業です。冒頭にでてきた3歳児も、「日本語の音はどんなふうに整理されるの？」「ことばの音と文字のむすびつきはどうなっている？」「そこでテンテンってどんな働きをするもの？」と日々探求しながら、4歳になって、こんどは親にこんなことを尋ねてきました。

子「ねえ、「ち」にテンテンは何ていうの？」

親「「ぢ」だよ」（文字を見せるのでなく口頭で答えています）

するとと彼は納得のいかないようすで次にこう尋ねます。

子「…じゃあ「し」にテンテンはっ？」

親「「じ」だよ」（同様に口頭で答えています）

子「いっしょじゃん！（怒）」

また怒られました…。

まあこれは大人も「いちじるしい？　いちぢるしい？」「ひとつずつ？　づつ？」と、たまに悩む程度には意識していることではありますが。そもそも「じ」と「ぢ」はどうして同じ音なんでしょう？

これらは歴史的には異なる音でしたが、江戸時代ごろにはすでに区別が失われていたようで、今では一部の方言にのみその区別が残されているだけだそうです。そのために、日本の大多数の地域では「し」と「ち」は明らかに異なる音として区別するのに、それが濁音になった途端に同じ音になってしまうという、一貫性からいうとかなりおかしなことが起こってしまいました。

これに関して、大人はいつのまにか当たり前のこととして扱っているようですが、だからといって、子どもに最初から「し」と「ち」は違う音だけど、テンテンがついたら同じ音だから覚えておいてね」なんてわざわざ教えません。ですが子どもは自力で、「異なる音は異なる仮名に対応している」「テンテンなしの状態で異なる調音をされる音であればテンテンがついてもその調音の違いは保存されるはず」という大筋のしくみを学び取って、それを尊重しているのです。歴史的経緯のために、ここであげたような矛盾がことばのシステムに生じていることがありますが、それをこうして子どもながらに指摘することもあります。

その場合、怒りの矛先はなぜか周囲の大人に向けられることもありますが、子どもの旅も山あり谷あり。そんな景色を眺めながら、私たちもかつて旅した道を、子どもといっしょにもうすこしお付き合いください。

第2章

「みんな」は何文字?

日本語のリズム

出だしからウンチの話ですみません。五味太郎さんの『みんなうんち』という絵本、子どもたちに人気です。だんだん字を読むことに興味を持ちはじめたがまだちゃんと読めないK太郎(4歳)、今日はこの絵本のタイトルを見て怒っています。

「みん・な・うん・ち……なんでまだ「ん」があるのっ⁉」

タイトルの最初の「み」という文字を「みん」と読み、またその後も「う」の文字を「うん」と読んでしまったために、タイトル文字の「ん」と「ち」が余ってしまい憤慨しているようです。どうして最初からきちんと「みんな」の「み」と「ん」、あるいは「うんち」の「う」と「ん」を切り離して読まないのかな、この子は?

私たちは、ことばの中にリズムを見いだし、時にはそれを「数える」ということをします。ふだんはそんなことを意識しない人も、ことば遊びやゲームの中では「ヒント、〇文字のことばです!」とか言いますよね。それから、日本語の詩の技巧としてもっとも特徴的なのが、五・七・五や五・七・五・七・七といったふうに、決まった「数」の定型にことばをあてはめていくしくみです。口ずさんだときにとてもリズミカルに聞こえますよね。これは日本語のように、ひとつひとつの単位の長さが比較的シンプルに決まっている（基本的に母音ひとつ、または子音ひとつ＋母音ひとつの）言語ではとても効果的です。ところで、そうしたときに用いる単位とはいったい何でしょう。

日本語において、それは原則的に「仮名」で1文字として表す単位で（第1章で述べたように小さい「ゃ　ゅ　ょ」を伴う拗音の仮名表記は例外です）、母音ひとつ、もしくは子音＋母音でひとつにまとまった単位です。ためしにサラリーマン川柳のなかからいくつか抜き出してみましたが、「これできっちり五・七・五だよね」という判断は、われわれ母語話者の間でキレイに一致しています。

壁ドンを　妻にやったら　平手打ち
（第28回「第一生命のサラリーマン川柳コンクール」入選作品より）

か・べ・ど・ん・を　つ・ま・に・や・っ・た・ら　ひ・ら・て・う・ち

ボーナス日　ウラをかえせば　返済日
（第5回「第一生命のサラリーマン川柳コンクール」入選作品より）

ぼ・ー・な・す・び　う・ら・を・か・え・せ・ば　へ・ん・さ・い・び

じつは、傍線をつけた部分「ん」「ー」「っ」などは、これもひとつに数えるのかどうか微妙かもしれないと思われるものなのですが、多くの人は「え？　全然微妙じゃないですけど」と思われるかもしれません。疑いなくひとつ分と思われる「か」「べ」「ど」などに加え、「ん」「ー」「っ」などのちょっと変わったヤツも含めた、日本語を話すわれわれが共有している、「五・七・五でいうときのひとつ分」「口に出しながら手をたたくとしたときのひと拍手分」をいう単位のことを「1拍（モーラ）」といいます。日本語の仮名は原則としてこの1拍に対応するようにできているのですね。ちなみに先にあげた「ん」「ー」「っ」などの、「たしかに1拍に数えるけどちょっと変わったヤツ」のことを特殊拍といいます。

日本語の数え方は少数派

日本語の常識は、世界の言語一般の常識ではありません。たとえば「どん」の「ん」。d-o-nという音の連続を、doとnのふたつの単位に分けるわれわれは、じつはたいへんな少数派です。多くの言語ではd-o-nでひとつの単位、音節として取り扱われます。

「音節」って、英語の授業で出てきた気もするけど、どうもその正体が私たちにとって実感しやすいものではないので、忘れてしまった人も多いかもしれません。英語の勉強をするときには大切な概念だったらしいですが…。多くの言語では、単語をさらに小さい音の単位として区切る場合には、この音節というのが重要な単位になってきます。そこでは「ん」、もとい、nが独立してひとつの単位ということはなく、d-o-nでひとつの単位なのです。

そもそも私たちがふだん耳で聞くことばに、「どこからどこまでが区切りですよ」という情報はなく、音の連続として耳に入ってきます。「どこからどこまでが区切りですよ」という確実な情報がないまま、われわれは「今聞いた音の連続のなかにどんな単語が入っていたか」ということを、どうにか割り出していかなければならないのです。そしてその前段階として、一説によると、まずこの音の連続を、単語より小さい単位にどう区切っていくかという作業が、耳から入ってきたことばを理解するための重要なステップで、さらにそこで主に用いられる単位が言語によって異なるということなのです。

その「区切り」作業に音節を用いる言語は少なくありませんが（ちなみに英語では、音節だけでなく、強弱のリズムのまとまりがその「区切り」作業に重要な単位だと言われています）、日本語話者は、「どん」を1音節として数えるのではなく、拍という単位を使ってこれを2拍分というふうに頭の中で自動的に区切り作業をしていると考えられています。外国語からきたことばも日本語式に区切られがちで、たとえば英語のChrist-masは2音節だけど、日本語式に発音すると「クリスマス」と5拍になります。

個々の言語で主に使われる単位は異なるにしても、あくまで普遍的な共通単位として音節があるはずだ、という考え方もあるのですが、なかには「日本語においては音節という単位がそもそも存在しないのではないか」という立場をとる研究者もいます。たしかに、「音節」

なんて単位、使ってる実感もないし、そもそも「音節」って何なのか正確によくわからないし、それがわかってなくても困らないし。生まれてから今までそんな単位が頭のなかに実在したことなど一度もないような気がしますよね。

しかし、子どもは、「みんなうんち」という音声の情報を、まだイマイチ読み方のわからない文字に直感で対応させていこうとするとき、「みん」「な」「うん」「ち」で切っているようだ、というのが冒頭のエピソードが示していることです。つまりどうやら、大人とは違って音節で区切っているのではないかということを示唆しています。これ、日本語としては的外れなことをしているわけですが、まだ「拍」という単位に拘束された仮名文字を覚える前の子どもの頭のなかでは、日本語話者でない子どもたちと同じように音節という単位が機能しているということかもしれません。しかしやがて子どもたちが読み書きの能力を身につけるとともに、音を区切る単位が「拍」優勢になっていくということは、これまでの研究でも報告されています。

子どもなりの区切り方

さて、子どもに大人気の絵本といえば、寺村輝夫さんの『あいうえおうさま』というのもあります。冒頭で紹介した4歳児K太郎は、数週間後にこの本のタイトルを見ながら、1文字ずつ「あ・い・う・え・お・さ・ま…」と発音し、こんどはこんなふうに怒りました。

「おかしいよ、この「う」がっ!」

「おうさま」の「お」という文字に「おー(おう)」と2音分あてて読んでしまったものだから、「う」が余るんですね。先ほどの川柳で傍線をつけた「ぼ・ー・な・す」も同様、「おー」(表記上は「お+う」ですが実際には「お」ふたつ分として発音されます)は、拍で数えたらふたつ分だけど、音節で数えたら1音節なんです。同じように、川柳で傍線をつけた箇所に「へんさいび」の「さ・い」があります。これらも、仮名だと2文字分、拍で2拍分ですが、音節で数えると二重母音としてひとつの音節にまとまります。

さて、Yちゃん(当時3歳)のお母さんからはこんな報告もあります。最近、ひらがながだいぶ読めるようになって、1文字ずつ声に出しながら書く真似をしているのだが、その区切り方が面白かったと。

「く・ま・さ・んの・お・か・さん」(クマさんのお母さん)

「く・ま・さ・んの・あ・か・ちゃん」(クマさんの赤ちゃん)

こちらは、ku-ma-sa-n-no と区切るかわりに ku-ma-sa-nno という、ちょっと違った区切り方をしています。必ず母音で終わる単位にしたいのでしょうか。先ほどの例と共通しているのは、「ん」という拍を独立した単位として扱っていないという点で、これは大人と決定的に異なることです。sanno の n と no の間にはじつは客観的な切れ目はないのです。日本語の拍システムを完璧に身につけてしまった私たち大人の日本語話者には想像しにくいことですが。

ここでひとつ研究論文の紹介をします。いろいろな言語の話者の音の区切り方を比較する実験を多く行っていた大竹孝司さんたちの研究グループが、「タンシ(端子)」という発音を聴かせて、そのなかに tan という音があるかどうか答えさせるという課題を行いました。これには英語話者もフランス語話者も、そして日本語話者も、ちゃんとYESボタンを押して反応しました。しかし「タニシ」と発音した音声のなかに tan という音があるかを尋ねた場合は、日本語話者のほとんどはYESボタンを押さなかった一方、英語話者とフランス語話者は「タンシ」と聞いた場合と同様にYESと反応したと報告されています。（ここに書いたことだけが実験のメインの見所ではないのですが、音の連続のなかで見つけやすい単位とそうでない単位が言語によって異なっていることを示すわかりやすい一例です。）

日本語の音のシステムを身につけたわれわれの耳と、そうでないシステムを持つ言語の話者の耳では、同じ音声でも異なった扱われ方をするのだ。そのことを、今回「特殊拍」の取り扱いに関して紹介した3～4歳児のエピソードは裏づけてくれているようです。このように、「すこし字を覚えはじめた、でもまだ全部は知らない」という時分の子どもたちが私たちに見せてくれる世界は、じつにたくさんの発見に満ちています。

じつはかなり難しい「っ」

『みんなうんち』『あいうえおうさま』の絵本のタイトルを読みながら半べソで怒っていた4歳児K太郎が、5歳になりました。ある日、藪から棒に、したり顔で、親にこんなことを教えてくれました。

「「うん」ってひとつのことばだと思うでしょ。じつはふたつなんだよ。「う」「ん」」

ようやく君も日本語耳を身につけたか！

彼の話にはまだ続きがあります。こんな質問を返してみました。

「じゃあ、「かっぱ」は?」

この小さい「っ」も、日本語では1拍として数えています。先ほどの川柳でも「つ・ま・に・や・っ・た・ら」という7拍のなかの1拍分に貢献していますよね。

ところでこの「っ」、私たちが「促音」ともよぶ音っていったいどういう音なんでしょう。まさか、「つ」って小さい声で言うんでしょ、とは誰も思ってないでしょうが…。「詰まる音だよ、詰まる音!」でもそれって何? 日本人の大人に聞いてもあまり役に立たないかも。だって使いこなすぶんにはまったく不自由していなくて、この「っ」っていう音をどう発音すればいいのかなどという疑問に直面したことがないですからね。こんなときは、そう、外国人に聞いてみましょう!

「日本語の授業で、「っ」ってどう習いましたか?」

「次の音の構えをしながら、つまりスタンバイしながら1拍分の長さをおくことです」

——知ってました? そんな難しいことしているって。

われわれ日本語母語話者の場合は、わざわざそんなこと教わってないのに、誰にとってもそういうものとして身についているということが、考えてみるとすごいですね。正しく発音できない人は誰もいないのに、じゃあどんな音ですかと聞いたら答えられない。母語話者って、えてしてそういうものです。

そして、この「っ」(促音)、日本語では独立した拍として数えているわけなのですが、当然ながら日本語学習中の外国人のみなさんにとっては、感覚として理解するのがとても難しいそうです。

さて、先ほどのＫ太郎への質問に戻ります。

(「う」「ん」を別々に数えるんだとすれば)「じゃあ、「かっぱ」は？」

「か(っ)・ぱ・あ……うん、じつは「あ」がつくんだよ」

促音だけを取り出すことはまだできないものの、全体で3拍でないとおかしいことはわかっているため、謎の帳尻合わせをしている…。

「かににさされてちがでた」

「子ども語あるある」の常に上位にくる微笑ましい例が「かににさされた」(蟹、じゃなくて、蚊にさされた、の意)、「ちがでた」(血が出た、の意)です。「かにに…」「ちが…」の例は、子どもが「かに(蚊)」「ちが(血)」という単語があると勘違いしているようにもみえます。ただ、「ちがを(血を、という意味で)」「かにが(蚊が、という意味で)」はあまり聞かないので、「ちが」という単語だと本当に思っているのか、助詞をふたつ重ねてしまっていると言うべきなのかははっきり確かめにくいですが、じつに面白カワイイ子ども語ですよね。

こうした例はもともと1拍(1文字)の語にもっぱら見られるようです。1拍単語はたしかに座りが悪いから、2拍になるように単語の境界が見直される、もしくは助詞の音が重ねられています。こうした例は、1拍単語を最初から2拍に伸ばして「血ィが」という方言ではあまり聞かないとも言われています。五・七・五以外でも、より自然に感じられる拍数かそうでない(から是正したくなる拍数)かの区別は、子どもにも見られるのですね。

必殺!「とうも殺し」

「子ども語あるある」の同じく上位に、「とうもころし」(とうもろこし、『となりのトトロ』にも登場)、「さなか」(さかな)などがあります。シャワー機能のあるトイレに行くたびに「デビって何~?」(K太郎、至7歳現在)って連呼するのやめてほしい。そういえば弟が幼児のころ「あやめいけ(地名)」を「あめやいけ」と言っていたのも思い出します。

これら「音が入れ替わる系」のエラー(「とうもろこし」の「ろ」と「こ」が入れ替わる、など)は音位転換と呼ばれています。入れ替わった結果、より発音しやすくなっているのだと解釈されています。

一般的に発音しやすいケースの理由といえば、たとえば発音に関係する調音点（口の中で使う位置）の順序等いろいろ考えられそうですが、子どもの場合はどうやら、なじみのある音の連続パターンにひっぱられるとおぼしき例が目立ちます（「（とうも）ろこ」より「ころ」、「（さ）かな」より「なか」…「ころころ」とか「おなか」とか、いかにも子どもになじみがありそうな気がしませんか）。そういえば、とうもろこしのことを「ともころし」と言うとの報告もあります（Sちゃん1歳）。じつはこのSちゃんのお母さんは「ともこ」さんという名前なのでした。

さて音位転換の例は大人の偶発的な「言い間違い」にも見られます。「ふいんき」（ふんいき）、「へやいせま」（狭い部屋）、「こなさんみんばんは」（あ、これはネタか…この「ネタ」という言葉も、たどれば語源は「タネ」で、意図的な入れ替えですね）。日本語の音位転換では、大人でも子どもでも「拍」（仮名で書ける）単位の入れ替わりだと見なせる例が多数です（あやめ→あめや）。

一方、その「拍」より小さい単位での入れ替わりと考えられる例もあります。

「かぷかぷして」（ぱくぱくして）（Yちゃん2歳）

ここでは、子音の単位（pとkの音）が入れ替わっているようです。他にも、「ねむじ」（ねずみ、zとmの入れ替わり。Eくん2歳）、「テベリ」（テレビ、rとbの入れ替わり。K太郎

2歳他多数)、「キンプー」(ピンク、pとkの入れ替わり。Aくん2歳)などが報告されています。pとkの入れ替わりに至っては、子音よりさらに小さい単位として、「発音する位置情報」(唇〜口の奥。第1章参照)が入れ替わっているという考えもできます。こうした、「拍より小さい単位の入れ替わり」(ここに挙げた例では主に子音部分)の例は、大人より子どもに観察されるケースが多いようです。このことから、「拍」は日本語話者にとって最初からありき、という単位だというよりは、日本語を身につける過程で形成・強化されていくものらしい、と推察されます。

私たちの周囲のいろんな「言い間違い」、もっと見つけるのがたのみしになってきましたね！

第3章

「これ食べたら死む?」

——子どもは一般化の名人

「死む」「死まない」「死めば」──死の活用形！

ある日のK太郎（5歳）と母の会話。

「お手々洗わないでゴハン食べたらバイキンも一緒にお腹に入るよ」
「…じゃ、これ食べたら死む？」
「いや、死んじゃったりしないよ、大丈夫」
「ホント？　死まない？　死まない？（涙目）」

生死をそこまで気にしている割には、ちょっと拗ねたらすぐこれ。

「…ボクなんかもう死めばいいんだ」

むくれる本人を尻目に笑いをこらえられず、その場を余計にこじらせる母でした。
この「死む」「死まない」「死めば」は「子ども語あるある」の上位を占める「死の活用形」（と勝手に命名）、ネットで検索したら結構な数の報告数。どうして子どもたちはこぞってこのような活用をするのでしょう？

「そもそも子どもはどうやってことばを覚えるのか」という問いに対し、「まわりの大人たちが使っていることばを聞いて覚えていく」と想像するのが普通だと思います。けれども、まわりの大人のなかに「死む」「死まない」「死めば」などと言う人はいないはずです（かりにそういう方言があったとしても、子どもの「死の活用形」は全国区の現象ですので、大人の影響とは考えられません）。では、なぜこうした例が見られるのでしょうか。

規則を過剰にあてはめてしまう

ところで「死む」「死まない」「死めば」はそもそもどうしておかしいのでしょう。「飲む」「飲まない」「飲めば」あるいは「読む」「読まない」「読めば」とは言うのに。

大人が子どもに話しかけることばにもよく出てきそうな「飲む」「読む」は、マ行の音で展開する五段活用です。同様の動詞は他にもたくさんあって、「はさむ」「かむ」「つかむ」などなど、どれも同じように活用します。そしてご存じのように、マ行以外の五段活用も日本語にはさまざまありますが、ナ行の五段活用というのはじつは現代の日本語（少なくとも標準語）では「死ぬ」ただひとつなのです。国語の先生でもない限り、ほとんどの方は知らない、というか知らなくても問題のない豆知識です。（ちなみに関西方言ではもうひとつ、「去（い）ぬ」というのがあって「いぬ」なのに「さる（去る）」という意味なのですが（笑）、自分は中学校（奈良市）のときテスト期間中に職員室にうっかり入って「いね！」と怒られたことを思い出します。わざわざ思い出すくらいだからそう頻繁には耳にしない動詞だったと思いますが。）

さて、マ行動詞であれナ行動詞であれ「飲んだ・読んだ・はさんだ・かんだ」あるいは「死んだ」というふうに、活用語尾が「ん」になることについては、たまたま形が共通しています。おそらく子どもは、「虫さん死んじゃったねえ」「あれ、死んでないよ」というようなやりとりを通して、「死んじゃった」は、「飲んじゃった・読んじゃった・はさんでない・かんでない」と同じ使い方をすることばなんだな、という類推を行っているのでしょう。そうして子どもは、ふだん多く触れている、いわば規則を熟知しているマ行動詞の活用形を「死ぬ」というナ行動詞にもあてはめているのだと推測できます。（「死む」でネット検索したら、同様の推理をされているママさんのブログもありました。大人の冒険仲間を発見した気分です。）

ここまでのことから、子どもは実際に聞いたことのある表現だけを身につけていくわけではないこと、実際に聞いたことのない表現も、その性質を類推し、その時点で身につけた規則を適用することによって、使える表現を自力で何倍にも増やしていることがわかります。その過程で起こる、「大人から見ると間違った規則の使い方」を「過剰一般化」といいます。

小さい子どもが犬を見たときに、お母さんからそれを「ワンワンね」と教わったとしましょう。その後しばらく、その子は猫や牛などの犬以外の動物を見てもすべて「ワンワン」とよぶようになる、というのも、「子ども語あるあるある」のひとつです。「ワンワン」が指す対象を、特定の動物（犬）から動物一般に拡大解釈している例ですね。この「ワンワンは何を指すか問題」、つまりある単語の意味の範囲がどこまでか？という問題については第5章で触れるので、ここでは活用形の話に戻りますが、とにかく子どものことばはこの「過剰一般化」のデパートです。

もうひとつ例を見てみましょう。K太郎（6歳）がテレビで「去って行く」という表現を耳にして母親に聞きました。

「ねえ、「さう」ってどういう意味？」

彼は何を考えてこう言ったのでしょう？

まず「去って行く」が「さって」と「いく」というふたつの動詞に分解できるという知識を動員。さらに「さって」ということばの意味を尋ねるために、終止形に直したほうがよいと判断。「買って－買う」「言って－言う」などから類推したのか、それが「さう」であると（過剰に）一般化。最後のところは大人から見れば間違っていますが（正解は「去う」じゃなくて「去る」）、それにしても、推論の過程を考えると、かなり高度なことをするようになったものです。

「死にさせるの」

また別のある日、バイキンがひどく気になるK太郎（再び5歳）、アライグマのようにゴシゴシ手を洗いながら、こんなことを言いました。

「手についてるバイキン、全員死にさせるの」

さらに別のときには、磁石のついたおもちゃを板に載せ、板の裏から別の磁石で動かしながら、

「こうやって裏でくっつきさして動きさしてんの」

と言っていました。また、3歳のYちゃんが、寝ているのを起こす、という意味で、

「おきさせる」

と言ったという例が報告されています。

右の例、大人だったらどう言いますか？　「死にさせる」は「殺す」または「死なせる」、「動きさしてる」は「動かしてる」、「起きさせる」は「起こす」ですね。

これらの表現に共通しているのは、誰かに何かをさせる、という「使役」の意味を持つこ

とです。使役を表す日本語の表現にはふたつのタイプがあります。

（1）「起こす」「動かす」など、使役の意味合いがすでに含まれた別の単語（使役動詞）として用意されているもの。

（2）「読ませる」「食べさせる」「着させる」というように、「せる・させる」という使役の意味を追加する助動詞を、「読む」「食べる」「着る」のような単独では使役の意味を持たない動詞に規則的にくっつける形。

（1）を使いこなすために知っていなければいけないのは、規則というよりは、たまたまそういう単語があるかどうか、です。それ専用の単語があることを知っていてそれを選べるか、という問題です。（2）のほうは、「せる・させる」という助動詞を動詞と組み合わせて、正しい使役の形にする、という規則です。

「起きる」「動く」など、（1）つまり使役の意味を持つ単語（「起こす」「動かす」）がちゃんと存在する場合は、わざわざ（2）の方法を使うと日本語としておかしいのですが、どうやら子どもはまず「規則を最大限駆使して対応」することを得意としているようで、たいていの場合「せる・させる」を使って表現しようとします。だから、「殺す」「動かす」「起こす」と言うかわりに、「死にさせる」「動きさせる」「起きさせる」になるのですね。でもまだなんかおかしいけど…。

おおざっぱすぎる規則でも、まずはどんどん使ってみる

さて、大人の日本語には「せる・させる」の使い方にも決まりがあります。動詞の未然形(「〜ない」が続く形)にどちらかをつけるのですが、「死ぬ」のような五段活用動詞の場合には「せる」をつけ、一方「起きる」「食べる」「着る」「来る」などの上一段・下一段・カ行変格活用動詞には「させる」をつける、と使い分けています。

ただし、私たちはこんなことといちいち覚えなくていいのです。国語の時間に「動詞の活用」を教わりながら、「自分はすでに日本語を話せているのに、どうしてこんなこと今さら習うんだろう?」と疑問に思いましたよね。あなたが覚えなくてもあなたの脳が知ってくれているので、仮に国語の試験で0点でも日本語話者としては問題なかったはずです。

でも、いつのまに、どんなふうに、自分の脳がそんなことを学習したのか、ということを不思議に思うなら、子どもたちの「おかしなことば」が手がかりになります。

「せる」「させる」を右のルールに従って正しく使うなら、五段活用の「死ぬ」に関しては「死なせる」、「動く」は(「動かす」という使役動詞がちゃんとあるから、本当はあえてこう言うとおかしいけど)「動かせる」となるはずです(「起きさせる」も「起こす」という使役動詞がちゃんとあるので本当はおかしいけど、上一段活用なので「させる」の使い方としては

間違っていない）。「死にさせる」「動きさせる」は、そういうわけで活用形にあわない助動詞の使い方となってしまい、残念！

おそらく、子どもは、動詞の活用のタイプはそれぞれ決まっている、ということを覚える前に、「このパターンでいけるはず」という規則を見いだすほうが得意なのです。上一段活用や下一段活用の動詞は未然形と連用形が同じ形（例：「食べ（ない）」「食べ（させる）」「食べ（て）」）なので、「食べさせる」「着させる」などの例に多く触れるうちに、どうも「連用形＋させる」でいけるみたいじゃないか、という一般化をするのですね。

そうして作った「死にさせる」「動きさせる」は「過剰一般化」の例で、つまり規則としておおざっぱすぎて本当は正しくない推論の産物なのですが、子どもたちとしては、まずできるだけ広く一般化できる規則を見いだすべく、ことばの冒険の真っ最中というわけです。

「これでマンガが読められる」

「使役」の助動詞によく似たものに、「可能」を表す「れる・られる」があります。可能表現も、使役と同様、まず、(1)「話せる」「飲める」(いずれも可能動詞とよばれる)や「できる」など、可能の意味合いがすでに含まれた別の単語として用意されているものと、(2)「見られる」「食べられる」というように、「れる・られる」という、可能の意味を追加する助動詞をくっつける形があります。

次の例はYちゃんが3歳のときのものですが、「子ども語あるある」の定番といっていいでしょう。

「みじかくしれる」(「短くできる」の意)
「おでかけしれる」(「お出かけできる」の意)

「する」の可能形は、大人だったら間違いなく「できる」を選ぶところですが、子どもは「連用形＋れる」という過剰に一般化した規則を試運転中なのかもしれませんね。

そしてたまに座礁——

「もうこれ消せられない…（涙）」
「これでマンガが読められる♡」（いずれもK太郎5歳）
すでに可能動詞である「消せる」「読める」にさらに助動詞「られる」をつけています。とにかく「全部乗せ」という感じでしょうか。それから、
「明日くらいに届かれたい！」（K太郎6歳、ランドセルがなかなか届かないので）
自動詞「届く」と他動詞「届ける」を混乱したまま受け身の助動詞をつけて、待ち遠しい気持ちを効果的に表現？
そしてしばしば混乱も。
「カラスってかしこいんだよ、クルミを車の通る道に置いて…車にわざと轢《ひ》からせるの」（K太郎5歳。「車にわざと轢かせるの」と言いたかった模様）
だんだん、一体どういう規則を見いだしたつもりなのかわからなくなってきましたが、たしかに言えることはやはり、子どものことばの発達は「大人を手本」では説明できないとい

うことです。

日本の子どもだけが規則好きなのではない

ここまで日本語の例ばかり紹介してきましたが、日本の子どもの特徴として「規則を見つけるのが大好き」「過剰一般化大好き」ということを言いたいのではありません。日本のしつけでは「規則を守って仲良く遊ぶ」ことがよしとされますが、そっちの意味の「規則」とも無関係です。

英語圏の子どもも、もちろんやっていますよ、doggie(ワンちゃん)と言いながら、クマや馬、クッキーモンスターまで指すのを。英語に限らず他の言語でも同様ですが、ここでは英語の例を少し見てみましょう。

英語の動詞は、過去形に変化するとき、それが規則に従うもの(-ed をつける)と、不規則に変化するもの(go-went, hold-held 等)があります。不規則変化動詞については、どの単語がそうであるか、過去形はどのような形かを覚えるしかありません。

ここまでの日本語の例を見てきたら予想がつくと思いますが、英語母語話者の子どもも、大きな規則で括れるパターンを優先して使いはじめる傾向にあるようです。sitted(正しくは sat)、goed(正しくは went)、holded(正しくは held)というのは、子どもの過剰一般化の典型例です(次の第4章でもういちど紹介します)。それから、動詞にくっつけて、「〜する人」

という意味にする接辞 -er についても、正しい用法(player, teacher)だけでなく、つけなくてもいいものにまでつけてしまいます。たとえば cooker, spyer など。cook, spy は「料理をする」「スパイ活動をする」という動詞であると同時に、そのままで「コックさん」「スパイ(密偵人)」という名詞でもあるので、-er はつかないのです(炊飯器のことは rice cooker というけど、それはコックさんとは別の意味)。

それから、英語の動詞は、自動詞(目的語をとらない)と他動詞(目的語が必要)の区別が比較的はっきり分かれているのですが、自動詞である動詞(例：giggle(クスクス笑う)、say(言う))を他動詞として一般化してしまう類の例(いずれも3歳児)も報告されています。

Don't giggle me.(Don't make me giggle.「私のことを笑わせないで」の意)
Don't say me that.(Don't tell me that.「それを私に言わないで」の意)

動詞によって変化形が違うとか、自動詞・他動詞の区別があって使い方も異なるという、単語ごとの個別の知識を身につける前の時点で、「とにかくざっくり規則で世界を把握しよう」という段階があるのですね。

英語の例では他に、いったん go の過去形として went を使っていたように思われる子どもが、goed という誤った形を使いはじめる、というのもあるそうです。親からしたら、「大人にならって正しく動詞を使っていたわが子のことばが退化している！」とびっくりするでしょうが、じつは逆で、規則を学んでいるという点で、前を向いて進んでいる証拠なのです。

手持ちの規則でなんとか表現してしまおう

再び日本語の例に戻りましょう。Yちゃん（4歳）、おもちゃを紙の箱に入れて片付けるときに、

「これ、いつもたたまっちゃう」

とつぶやく。箱がすぐにつぶれてたたまれてしまい、入れにくいことを言いたかったようです。「たたまる」とは、「（〜を）たたむ」という他動詞を、「（〜が）たたまる」というふうに自動詞として使えるように工夫した例です。

彼女は、「閉める（他動詞）－閉まる（自動詞）」「溜める（他動詞）－溜まる（自動詞）」というふうに、他動詞と自動詞が交替するときの決まりがわかっていて、そこから「じゃあ「たたむ」を「たたまる」にしたら私が使いたい動詞になる！」と考えたのでしょう。（日本語に本来ない動詞まで作り出してしまうとは！　と感心しましたが、じつは「畳まる」という動詞がちゃんと辞書に載っていてビックリ。4歳児にことばを教わるとは！）

再びYちゃん、こんどは2歳のときの例です。まだ使役形が使えないのですが、まわりの

大人に自分に対してしてもらいたいことはたくさんある。そこで考え出した手はいかに。食べかけのヨーグルトの入った器を親に差し出して、言ったことばが、

「あつまれ」

状況から考えて、「かき寄せて食べさせて」という意味だった様子。さらに、

「はいて」(「靴をはかせて」の意味)
「かぷかぷして」(↑「ぱくぱくして」。「食べさせて」の意)
「きあえて」(↑「きがえて」。「着替えさせて」の意)

先ほど紹介した「死にさせる」「動きさせる」「起きさせる」の例と違って、まだ2歳児なので、そもそも「相手に自分に対して何かしてもらいたい」という「使役＋命令」の概念が自動詞の「命令形」で一般化されているのかもしれません。自動詞を他動詞の意味で子どもが使う例はよく報告されますが、命令表現としてここまで使いこなすとは。2歳児、侮れない…。さらには――

「父ちゃん、お肉あげる」(「父ちゃん、お肉ちょうだい」の意味)(Sちゃん1歳)

「あげる」(「くれる」「もらう」も)は、誰の立場から言うのかによって使い分けないと通じないんだよ〜、と思いながら結局お肉を全部貢いでしまうメロメロ父ちゃんでした。

普通に大人をお手本にすればいいのに?

さて、この章で紹介したいくつもの例は、大人をお手本にしても出てこない(大人から見れば「誤った」)使い方ばかり。これはむしろ、子どもが自分の頭のなかで、ことばを司る規則を発見していく過程なのだ、ということを示すものでした。

だけど、こういうツッコミを入れる人もいるかもしれませんね。大人の発話を聞くなかで、「死ぬ」「死なない」とか、「動く」「起こす」「(短く)できる」とか、正しい言い方にも多少は触れているはずではないのか、と。ちゃんと丁寧に例を拾えば、そもそも間違った規則を作り出さなくて済むのではないか、と。さらに、2歳児ならまだしも、4〜5歳にもなれば、たとえば「れる・られる」やら「する・させる」やら、直接教えたほうがよほど効率がいいのではないか、と。

それもそうですよね。次の章でもう少し考えてみましょう、どうして子どもは「普通に学ばない」のかを。

第4章

ジブンデ！　ミツケル！

教えようとしても覚えません

前章であげたさまざまな例から、子どもたちは、ひとつひとつの文や単語の使い方を、大人の手本からまねることによってのみ身につけるのではないようだ、ということがわかったと思います。子どもたちは、使われていることばを見て、聞いて、自分でことばの規則や法則性を見いだし、それらを「実践」しています。その証拠としてさまざまな、一別の例から考え出したにしては理にかなっているけど、大人からみたら実は間違い」というような過剰一般化の例を見てきました。

もちろんそうした例は大人のことばには見られません。最終的には「動詞ごとに活用の仕方が違うので、そうひとくくりにはできない」とか「単語によって規則的に変化するものと不規則に変化するものがある」といった区別も理解したうえで、過剰一般化を修正して、大人のことばに近づいていくのですが、そうした修正作業はいつどうやって行われるのでしょうか。

可能性その１：大人に指導してもらって修正する
可能性その２：大人が正しい使い方をするのを聞いて修正する

そもそも小さい子どもの言うことに対して「それ文法的に間違い」というような修正を大人は行わないだろうとの指摘もありますが、だからといって大人もまったくスルーするわけではありません。次の例は、言語学の教科書にしょっちゅう引用される例です（もとは英語ですが、肝心なところ以外は日本語に訳しておきました）。

子「Nobody don't like me」（「誰もボクのこと好きじゃないの」と言いたいが、このNobody… don't…という二重否定は標準英語では文法的に間違いとされる）
母「そうじゃなくてNobody likes meって言うの」
子「Nobody don't like me」（言い直すがさっきと変わってない）
（このやりとりを数回繰り返す）
母「違うの、ほらよく聞いて。Nobody likes meって言うの」（母親も粘る！）
子「うん！　Nobody don't likes meでしょ」（…そこじゃない～！）

子どもの間違いを、お母さんが「そうじゃなくて」と一生懸命正していますが、修正してあげたとおりの答えは得られませんでした。動詞にいわゆる三単現のsをつけることに気づいたことは評価したいけど、そこにつけるのはちょっと違う～。というわけで、「可能性その1：大人に指導してもらって修正する」は、あまり期待できないようです。

右の例のお母さんは、まるで教師のように「そうじゃないのよ、これが正しい言い方よ」と訂正した表現を使うように促していますね。もしかして、それに対して子どもがあまのじゃくになっているのかしら？　では次の例はどうでしょう。お母さんは一言も「それ間違いよ」と言わずに、さりげなく手本を示し、いわば間接的に修正しています（もとは英語ですが、肝心な部分以外は日本語にしました）。

子「先生が赤ちゃんうさぎを holded（だっこした）のを私たちがなでたの」（不規則動詞の hold の過去形は held なのに、規則的な過去形の作り方を過剰一般化してあてはめて、holded という実際には存在しない形を作っている）

母「先生が赤ちゃんうさぎを held（だっこした）の？」（正しい言い方で繰り返す）

子「うん」

母「先生が何してたんだっけ？」

子「赤ちゃんうさぎを holded（だっこした）のを私たちがなでたの」（効果なし…）

母「先生は赤ちゃんうさぎをぎゅっと held（だっこした）？」（お母さん、再度トライ！）

子「ううん、そーっと holded（だっこした）よ」（やはり効果なし…）

このお母さんはあからさまに子どもの表現を否定することなく、何度も同じ質問を、ただし適切に修正された形で繰り返すことにより、子どもにヒントを示しています。まったくお疲れ様なことですが、子どもはそのヒントをつかんではくれていないようですね。まわりの大人が指摘しても、さりげなく正解を示しても、子どもは「目下自分のルールとして正しいはず」と思っていることはなかなか直してくれません。というわけで「可能性その2：大人が正しい使い方をするのを聞いて修正する」というのでもなさそうです。

前章の「死む」の例をとってみても、「死ぬ」「死なない」「死ねば」という正しい使用例をまったく耳にしたことがないとは考えにくいですが、子どものルール作りのための資料としては採用されていなかったようですね。

けれど、大人になっても誤った形を使い続ける人はいないのだから、いつのまにか正しい形を習得しているはずです。いったいどうやって？

教えてないことは覚えるのになあ！

さて、次は、必ずしも大人の働きかけが無視されているわけではない例です。これは大人と2歳半の女の子が粘土遊びをしている英語での会話を日本語にしたものです。（日本語だと「あなた」「君」といった代名詞はあまり使いませんが、ここはまさに代名詞の使い方の話なのでそこだけ直訳して英語を添えます。）

女の子「アタシの粘土(mines)こわさないでね」(mineを間違ってminesと言っている)
大人「君のやつ(yours)ってどれ？　何か作ってあったの？」
女の子「これがアタシのやつ(mines)」(さっきと同じ間違いをしてminesと言っている)
大人「わかったよ、それが君のやつ(yours)なんだね」
女の子「あなたのやつ(yours)はこれ」
大人「わかった、これが僕のやつ(mine)なんだね、じゃもらうね。えっそれも？　なんかいっぱいもらっちゃったな」(大人はmineを正しく使っている)
女の子「それはアタシのやつ(mine)」(mineを正しく使った！)
大人「はいはい」
女の子「もっととった？　もっととったでしょ！　アタシのやつ(mine)もっととっちゃったでしょ。アタシもあなたのやつ(your)もっととっちゃうから」(mineは余分なsをとって正しくなったが、今度はyoursからもsをとってしまい新たな間違いが！)

こちらの子どもは先ほどの例とは違って、大人の使うことばを参考に、自分の知識を微調整しているようです。最初は、「私のもの」という意味の代名詞mineをminesと言っています。おそらく、他のyours, hers, his, Peter'sといった例からの類推なのでしょう。途中で、大人がminesでなくmineと言うのを聞いて、すぐさま正しい形を取り入れているところはさすがです。なのですが、可愛いことに、今度はそれまで正しく使えていたyoursをyourと言いはじめました。今覚えたばかりの「-sはいらないらしい」という知識をさっそく過剰一般化してしまったのですね。この大人、もうしばらく粘土遊びを続けてあげるしかなさそうですね。

面白いことに、この子どもはすでに何回も大人がyoursと正しい形を言っているのを聞いていたのに、それは間違いを防ぐ力にはなっていません。要するに、子どもは大人の使っていることばをそのまま参考にすることもあるが、どういうときにそうするか、あるいは無視するかは、子どもしだいということでしょう。

次の例では、第1章でご紹介した、「は」にテンテンは「が」と答えた子ども（Nちゃん、2〜3歳頃）が再び登場します。いとこのお兄ちゃんが来るのを待っているところです。

子「お兄ちゃんきないね」
母「うん、こないね」
子「え、「こない」の？」（「「こない」っていう言い方が正しいの？」の意）
母「うん、「きた」っていうけど「こない」なんだよねえ」
（と言っているところにお兄ちゃん登場）

子「あ、お兄ちゃん、こたよ！」

このNちゃんは「正しい言い方は何だろう」というところに小さいながら意識が向いているようです。面白いのは、まさにその点について、「きた」っていうけど「こない」なんだよ、とお母さんからズバリ明示的に教えてもらっているにもかかわらず、自分でその場で類推したルール「こない」って言うからには「こた」と言うのでは？という一般化を優先しているところです。何が何でも自分の頭の中で、自分の力でルールを完成させたい、それが子ども、またの名をちいさい言語学者。

ジブンデ！ミツケル！

子どもはどうやら、一般化できるルールを見いだすことにつながりそうな場合だけ、周囲から得られる情報を参考にしているようです。そのルールが、たとえ大人の文法としては間違っていても、当の子どもがそれでやっていけると思っている段階では、その反例となるような大人の正しい用例も、指導もスルー。ただし、新たな一般化規則が見いだせそうであれば、また大人のことばを参考にしてみたりする。そうして自分で試行錯誤を繰り返していく。

エリサ・ニューポートたちの１９７０年代の研究では、大人が子どもに話しかけることばで使われる文型などの特徴と、小さい子どもの使うことばの間に密接な関連性は見られない

こと、またそもそも大人だってお手本となるような完全な文ばかりを使っているわけでもないのに子どものことばの発達にとくに支障をきたす様子もないことを示しています。この論文のタイトルはMother, I'd rather do it myself(副題は省略)、つまり「ママ、ジブンデ！」。なんでもかんでも「ジブンデ！ ジブンデ！」と主張する精神は、ことばの習得にまで、古今東西、一貫して及んでいるというわけです。あっぱれ。

さて、「まさに試行錯誤中」の現場がこちらです。

「(今、ボクは、あんころもちを)離れようとしてんの」
(なんかヘンだと思い、すぐに言い直して)
「…離せようとしてんの」(スッキリしないなあ…)
(しばらくしてから)
「…離れさせるの」(K太郎5歳)

よくできました～。最後には見事、「離れる」という自動詞に、使役の助動詞「させる」を接続させることに成功しました。中間段階として、「見せる」「着せる」のような、「離れる」に対応する使役動詞(この場合は存在しない)を探してくるという方法も試されていることが見て取れます。

そういえば例の「死の活用形」も、6歳のある日「○○(友達の名前)って悪いんだよ、「死め～死め～」って言うんだよ」と言ったあと、しばらく考えてからひとりで「死ね～死ね～…」と言い直していました。親としてはちょっとさびしかった…。

もうひとつ例を見てみましょう。3歳のYちゃんが、ビーズを四角いスペースに流し込んでいる場面で

「もっとはいれる」

と言った直後に、自分から

「いれれる」

と言い直しました。

「ここにはビーズがもっとはいる」でも「もっといれれる」(ら抜き表現ですが、ここではそれは問題にしません)でも正解なのですが、「はいれる」はそのどちらとも違うということがわかっているのですね。これは、自動詞としての「(誰々がどこそこに)はいる」にもし可

能の「れる」をつけたら「はいれる」になるけど、それだとどういう意味になるはずなのかという知識が身についていて、その知識に照らし合わせることにより「ここで言いたいこととは違う(自分が入ってどうするんだ、的な?)」と判断できていることになります。

また、いつも、自分が早く目を覚ますと、「もう　おきるの　じかん!」と言って母親を起こしていた2歳のときのYちゃんが、ある朝、二度そう言ったあとで、「もう　おきるじかん」と言い直し、そのあとは一貫してそう言うようになった、という報告もあります。

「起きるの時間」のような例は、日本語を勉強している外国語話者にもよく見られるものです。動詞が言い切り(終止形)でなく、別の名詞を修飾する形(連体形)のときは、何かしら表面的な形に反映されてなければすっきりしないという直感があるから「の」を入れたくなるのでしょう。実際、昔の日本語では終止形と連体形の区別が、少なくとも一部の用言でははっきりしていました(「はるかなり。」vs.「はるかなる○○」)。でも今の日本語ではこれらは同じ形、ということまで学びつつある2歳児の模様をお届けしました。

「か」と「と」の使い方は難しい

引き続き、日本語の例をもうすこし見てみましょう。

「○○と△△はケンカしないかと思うよ」(「しないと思うよ」の意)

（物を振ったら残像が見えることを指して）「なんで速くしたらいっぱいあるかと見えるの？」（K太郎5歳）

右のいずれの例でも、大人の文法では「か」は入れません。この子どもはいつか、「か」と「と」は別々の役割を持つことばだ、ということに気づかなければならないのですが、じつはなかなか難しいことで、言語習得の研究者も関心を寄せる点のひとつです。

たとえば、次のふたつの質問文は、「か」と「と」の部分が違うだけで意味が異なります。

「パンダくんが、リスちゃんが泣きやんだか教えてくれたの？」（実際泣きやんだのか泣きやんでないのかはわからないままでも質問としては成り立つ）

「パンダくんが、リスちゃんが泣きやんだと教えてくれたの？」（泣きやんだことが前提になっている）

だけど、これらの質問に答えようとすると、どちらも「うん、そうだよ」「ううん、違うよ」で答えられてしまうので、自然なやりとりの繰り返しのなかから「か」と「と」の違いをつかみとることはおそらく難しいでしょう。

とはいえ、私たち誰しも、「か」と「と」の違いをいい加減にしたまま大人になることはありません。次のような例だと、「か」と「と」の違いが重要となってきます。

「パンダくんが、誰が泣きやんだか教えてくれたの？」（「うん、そうだよ」あるいは「ううん、違うよ」という答えが求められている。「教えてくれたの」が強く読まれる。）

「パンダくんが、誰が泣きやんだと教えてくれたの？」（「うん」「ううん」では答えられない。「誰なのか」を尋ねられている。「誰が」を強く読むのが普通。）

子どもたちは、成長過程のある時点で、「か」と「と」の働きは違うということに、たとえば右のようなずっと複雑な文に触れることによって気づき、適宜ルールを修正していくことになるのでしょうか。ことばの冒険の中では相当な難所となりそうですね。

「か」と「と」の微妙な違いの区別においては、「どういう例を見れば「か」と「と」の役割が違うという手がかりになるか」ということは、すでに示したように一定の想像は可能です。一方、何が手がかりになっているのか、大人から見て推理するのが難しいこともまだまだたくさん残っていると思われます。

結局、何が手がかりになっているのか

子どもの言語習得の研究においては、子どもが「過剰な一般化をする」こと自体はまった

く織り込み済みなのですが、そこからどうやって必要な修正をかけていくかという問題はなかなか複雑です。正解の範囲を超えた表現を、ある段階での子ども独自のルールで許した場合、その「超えている」部分を最終的になくす手がかりを自然に得ることは難しいと思われるからです。

「こうも言えるのか」と、レパートリーを拡大する方向へのヒントは、周囲で大人が使っていることばから直接観察することができますが、縮小する方向への直接的な手がかりは、「そうは言わないよ」とわざわざ指摘(否定)してもらうしかなさそうなものです。でも、これまで見てきたように、そのような指摘はなかなか子どもには相手にしてもらえないのですから、話は簡単ではありません。

もちろん、大人の心配をよそに、子どもたちはいつのまにかちゃんと正しい形を身につけてしまいます。自分もそうしてきたはずなのに、きれいさっぱり覚えていないものですね。

第5章

ことばの意味をつきとめる

はずかしいはなし

3歳児Yちゃんがときどき変な文脈で「はずかしい」ということばを使う、とお母さんから聞きました。どうやら「面白い」とか「笑っちゃう」だと解釈すると意味が通るようです。「口の周りに食べかすつけてると笑われちゃうよ、はずかしいよ」などと言われるから、そういう意味にとったのかしら、とのこと。

そういえば…！　K太郎も3歳のとき、くすぐられるとき「はずかしいよ♡はずかしいよ♡」と反応していたことがあって、「何じゃその反応？」と不思議に思ったものですが、Sちゃん（1歳）のお父さんが「うちも言う！」と証拠ビデオまで送ってくれてびっくりしました。してみればもしかして、多くの子どもにとって、最初に「はずかしい」という語と出会うのは、何かいけないことをして「笑われちゃうよ、はずかしいよ」とたしなめられる時なのかもしれないですね。それで「はずかしい」＝「笑うべき状況」と理解しているのだとしたら、くすぐられて「はずかしいよ」も合点がいくなと思いました。

そういえばこういう例もありました。

母「自転車乗るから靴に履き替えて行けば？」

子「ややこしいんだよ」(K太郎6歳)

どうも「面倒くさい」の意味で「ややこしい」を使っているようです。たしかに母がぶつぶつ文句をいうときは「面倒くさいやっちゃな、ややこしいやっちゃな」だからなのでしょう。

子どもが新しい語を覚えるとき、当然いちいち辞書をひくわけではないですよね。親に意味を尋ねることもあるけど、たいていは実際にそのことばが使われている状況を経験しながら自然に吸収していくものです。が、ある単語の意味の範囲がどこからどこまでか、今どうもこの語が指しているらしい状況や対象のどの部分や側面を切り取っているのかを、どうやって正確に把握し、整理するのでしょう。右の例は、「いきなり正確には無理」ということを示しています。

ひとつの語はいろんな意味の成分からなっています。その語の使い方に触れながら、余分な成分をとりのぞいたり、新たな成分を追加したり、そうしていつか大人が持っている成分の配合に近づいていくのですね。この章ではその冒険のようすを見てみましょう。

「ワンワン」とは?

お母さんにだっこされて赤ちゃんがお散歩していたら、犬が通りました。興奮して指差し

する赤ちゃんに、お母さんは「ワンワンだね」と教えてあげます。それ以来、その赤ちゃんは、

・猫を見てもワンワンとよんでいる
・牛も馬も四つ足で動くものはすべてワンワンとよぶようになった
・動く自動車もワンワンとよんでいた
・お父さんまでワンワンとよぶ(それはさすがにないか)

というような報告が巷に溢れています。

前章でもご紹介したように、このような例を、過剰一般化、あるいはこうした語の意味に関する場合はもう少し厳密にいうと「過剰拡張」とよびます。

あなたに、飼っている犬がいるとします。その子を指し示すことができる表現はたくさんあります。「ポチ(名前)」「柴犬」「犬」「動物」「生き物」。先にあげた表現ほど特定の度合いが高く、後のほうの表現ほど、大きなくくり(カテゴリー)となっています。

大人はそれぞれの語が示しうるカテゴリーや、カテゴリー同士の上下関係(たとえば、「動物」は「犬」の上位カテゴリー)について了解していますし、どういう状況でうちの犬のことを話題にしたいのかによって、適切な表現を使い分けることができます。ですが、いつか

らそれができるようになったのでしょう。

　そもそも、同じものを指すこともあるけど、それぞれ守備範囲の異なる表現がたくさんあって、今あなたが聞いた語はそれのうちのどれにあたるのだよ、という説明を子どもは普通受けることがないはず。だから、大人としては「ワンワン」ということばで「犬」という動物カテゴリーを意図したとしても、子どもにしてみたら「動物全般」「動くもの全般」と捉えてしまったとしても仕方ないですよね。

　子どもにとって、どういうときに、「ワンワン」とは特定のタイプの動物だけを指すらしい、ということを知るきっかけになるのでしょう。次の日のお散歩でこんどは猫に出会って、お母さんに「あ、ニャーニャだね」と教えてもらったら、「ワンワンというのはこっちの動物は指さないらしい」とわかってくれるのかしら。ならば動物園にでもいったら一挙に解決するのかしら。

　こうした過剰拡張がどうして起こるのか、という問題は、何十年も前から議論されています。最初のころ、1970年代まで遡りますが、イヴ・クラークという研究者は、こんなふうに説明しました。

ことばというのは、その特徴を表すたくさんの細かい意味成分でできている。「犬」だったら、「動く」「生き物」「毛がある」「四つ足」「人に飼われている」「吠える」などなど。そして、子どもがある語を最初に覚えたとき、その語の成分として認識するこれらの成分は、大人のそれに比べて不完全である(成分リストの項目が少ない)ため、そのことばが示しうる対象が絞り切れていないことになるのだ。

極度に単純化していえば、「動く」「生き物」「毛がある」「四つ足」「吠える」などのうち、たとえば「吠える」がその子の「ワンワン」の成分リストに入っていなければ、「ワンワン」は牛や馬も指すことになるでしょう、というわけです。

ところで、こんな面白い例が報告されています。2歳児Yちゃんが、「ぬいぐるみの犬」と区別して「生きている本物の犬」という意味で、

「にんげんのいぬ」

と言ったというのです。この子にとって「いぬ」という単語は、それなりに犬の特徴を網

羅した成分リストをそなえていて、それが本物の生きている犬以外に、ぬいぐるみにも応用できることも理解しているようです。一方、この子にとって「にんげん」という単語には、「生き物」という成分はリスト入りしているけど、他の動物と区別するための成分はまだそのリストに入っていないのですね。それでも、その「にんげん」を「いぬ」と組み合わせることによって、「いぬ」の中で「ここでは生き物としてのいぬです」と意味をよりくわしく制限できる技を身につけていることがうかがえます。

ここまで、こうした過剰拡張を説明する考え方のひとつとして、意味の成分のリストが大人のそれの一部分でしかないため、結果として意味を広めにとってしまうのだという説を紹介しましたが、やはりそんなに簡単には説明できないようで、議論はまだまだ続きました。というのも、過剰拡張の逆だってあるのです。

「おでん」とは？

私自身の話になります。私の実家では子どものころ、いわゆるおでんのことを関西方言で「関東炊き」と言っていました。全国区の表現である「おでん」という語ももちろん知っていたのですが、私にとってそれは、マンガ『おそ松くん』に出てくるような、あの三角、四角、丸の具を串に刺した形のものをとくに言うのだと思っていました。なので、串に刺さずに、家の鍋でグツグツ炊いているあれは、私にとって「おでん」ではありませんでした。で、おでん食べながら「おでん食べてみたいな～」とつぶやくという。

このように、ある語(「おでん」)の意味として、それが指しうる意味全体(みんなが知っているあの料理)のうち、より限定的な一部(串に刺してあるやつ)としてしか認識していない場合を「過剰縮小」といいます。子どもは、「ワンワン」と聞いて、犬より広い範囲のものを指すと認識することもあれば、逆にそれより狭い範囲の意味に理解する(うちで飼っているポチ)こともあるではないか、という指摘が、先ほどのクラークのような説明に対する反論として同じく1970年代になされました。

「坊主」とは?

子どもの発話から過剰縮小の例を見つけるのはこの後に述べる理由で難しいのですが、あまり笑えないこんな例がありました。K太郎(2歳)が法事に参加。折しも百人一首の絵札を使った坊主めくりがお気に入り、なかでもどういうわけか坊主札が大好きで夢中になっている時期でした(嫌な予感…)。法事の席でお見えになったお坊さんは幸い髪の毛があったので最初はそれを「坊主」と認識せず無反応だったK太郎。しかし読経が進み、袈裟や仏具などを観察するにつれ、どうやら「坊主」の意味成分には「髪がない」は必須でないと思い至ったらしく、意味範囲の拡大修正がなされたその瞬間「ねー! あれボーズなのっ? ボーズなのっ?」お寺のお堂に響き渡る、感動を伝える声。ほとんどホラーですが、過剰縮小の例、またその修正現場を目撃する貴重な機会でした。（この話、さらに後日談があります。この翌月にまた別の法事があったので、悲劇を繰り返さないよう事前によくよく言い聞かせたのですが、今度は読経にあわせて母からの注意事項を朗々と復唱する声「…ボーズ言うたらアカン、ボーズ言うたらアカン…」――やっぱりホラーだ！）

話を戻します。過剰拡張の例はより早くから観察・報告されていたなか、それを追う形で過剰縮小の例が指摘されるという順番ですが、どうしてこの順序で観察されるのでしょうか。またこれは、過剰縮小のほうは報告例がずっと少ないことと関係あるでしょうか。結局、どちらがより、親など周りの人間によって気づかれやすいかということかもしれません。大人は、子どもが過剰拡張の間違いをした場合（猫を「いぬ」とよんだとき）は簡単におかしいと気づくことができますね。だけど、子どもが「いぬ」ということばはうちのポチのことだけを言うのだという信念のもと、ポチを指して「いぬ」と言っても、はた目には間違っていないため、その信念の間違いに気づくことは日常でもなかなかないのです。あの法事での事件はアンラッキーだったのかラッキーだったのか…。

どうやって意味の範囲を最初に決めるのか

さて、子どもは、あることばについて、実際の意味範囲よりも広い範囲に解釈している、もしくは狭い範囲に解釈していることがあるとわかりました。しかしそもそも子どもは、新しい単語を聞いたときに、その意味の範囲がどこからどこまでか、どうやって最初に決めるのでしょうか。一言で答えられるほど解明されているわけではありませんが、少なくともこのようなことが参考になっているらしい、というヒントを教えてくれる実験研究の例をご紹介しましょう。

今井むつみさん・針生悦子さんたちの調査では、子どもに、新しい架空の語を覚えてもらうことにしました。架空の語は、たとえば「ネケ」。指す対象は、これも架空の動物に見立てたぬいぐるみ。これを指して「ネケだよ」と言って見せた場合、可能性としては、意味範囲の狭い順から、(1)「(何の動物かわからないけどとにかく)この子の名前がネケちゃんなんだ(犬でいうと「ポチ」に相当)」、(2)「こういう感じの動物がいて、ネケというのはそのなかの種類のうちのひとつなんだ(犬でいうと「柴犬」に相当)」、(3)「この動物を「ネケ」というんだ(「犬」というカテゴリーに相当)」と、子どもがとりうる解釈にはいくつか可能性があります。この実験調査によると、はじめて聞いたこの「ネケ」という語が知らない動物を指している場合は、子どもはそれをその動物の種類を示す表現(「ヤギ」「ハイエナ」「犬」レベル)だと最初に理解する傾向があることがわかりました。

一方、同じ「ネケ」という語を、すでによく知っている動物(実際の実験ではペンギン、クマ、サルのぬいぐるみが使われました)を指して使った場合、子どもはこの個体につけられた呼び名だと理解したそうです(このペンギンの名前がネケちゃん)。子どもは、まずスタートポイントとして、違う語はそれぞれ違う意味の範囲を担当しているという前提を持って彼らなりに推論をしているようです。

それから、2歳の子どもでもすでに、生き物には個体ごとに名前がついているのが普通だけど、モノにはふつう個体ごとの名前はついていないということも、わかったうえで判断しているようです。「ネケ」が示す対象を生き物でなく道具に替えて試してみると、見慣れない道具の場合はその道具の一般名称だと理解し、よく知っている道具(たとえばカップ)を指して「ネケだね」と言った場合は、カップの中の特定の形を持った種類のことを言うのだと理解したそうです(特定のカップ、でなく、カップの中でも特定の形をしたもの)。

さらに、小林春美さんたちの調査では、ある新しいモノとその名前を呈示された場合、周りの大人たちが、そのモノのどういう側面(たとえば、形？　材質？)を重視しているような反応を示すかによって、子どもたちがその新しい名前が示す範囲について異なった解釈をすることもわかっています。周囲の人たちの反応や状況によってことばを臨機応変に理解する力については次の第6章でたくさんとりあげますのでお楽しみに。

どうやって意味を修正するか

さて、子どもが新しい語を聞いて最初に想定した意味の範囲が本当は間違っていて、その語が実際に示す意味範囲よりも広すぎる、もしくは狭すぎる場合、どのようなきっかけからそれらを「正しい範囲」に修正していくのでしょうか。

犬に出会ったときに大人が「あれはワンワンよ」というのを聞いて、「ワンワン」という呼称が犬だけでなく四つ足の動物全体だと解釈している子が、今度は猫に出会ってそれを大人が「ニャーニャだね」というのを聞いたらどうなるだろう、と先ほど書きました。もしかしたら、その子が最初に設定していた「ワンワン」の意味が再検討されるかもしれません。少なくとも猫は除く、といったふうに。

実際、針生さんと今井さんの研究では、「スプーン」という語をすでに知っている3歳児に、口に入れる部分が四角くなっている特殊なデザイン(オシャレな雑貨屋に売ってそう)のスプーンを見せ、架空の語を使って「これはネケよ」と紹介したら、「食べ物を口に運ぶあの道具のうち、先が四角いのがネケ、先が四角くないのがスプーン」といった具合に、すでに覚えた「スプーン」の意味範囲の修正を行っているらしいことが報告されています。

子どもは、大人からの働きかけを一方的に覚え込むのでなく、すでに頭の中に格納した知識内容との微調整を行って、語彙の知識を豊かでより正確なものにしていくのですね。

モノの名前でなく動詞の場合は?

「どうしてお片付けができないの」「どうしてお約束が守れないの」と小言ばかり言っていたら、K太郎(5歳)にこう言い返されたことがありました。

「お母さんの飼い方が悪いんだよ！」

面白いけど生意気だ。もうひとつ、もっと可愛い例をあげます。

母「ちゃんと立ってないと危ないよ」

子「落ちちゃう？」（Yちゃん2歳）

母「「落ちちゃう」じゃなくて「倒れちゃう」でしょ」

これらは、動詞を覚えるときにも意味の過剰拡張がつきものだということを示しています。「飼う」という動詞は、正しくは人間でなくペットや家畜を育てる意味でしか使わないのですが、K太郎はそうした限定なしに使っています（言うことを聞かない5歳男児というと、むしろ「飼う」のほうが正しい気さえしてきますが…）。それから、この2歳児は、「立っていたモノが、それを支える力がなくなって、全体が地面についてしまう（「倒れる」を仮にこう定義）」ことも「地面に接さず、高さのあるところにあったモノが、地面に向かって空間を移動する」こともひっくるめて、重力によって起こる下に向かった動き全体を指すことばとして「落ちる」を使っているようです。

さて、先ほど述べたように、子どもがことばの意味を実際より広い範囲を指すと思い込む

「過剰拡張」の例は観察が容易です。「そのことば、そういう意味には使わないよ！」という場面は、遭遇すればすぐに気づくことができるからです。しかし、その逆は気づきにくいはずです（表面的には間違いだと気づきにくい）。けれども、今井むつみさんたちの実験調査では、幼い子どもは動詞の意味を実際よりも狭い意味に解釈することもあることを工夫してつきとめたという報告がされています。

この実験では、たとえばある人がボールを両手でくるくる回す動作を指して、「見て、ネケってるよ」と架空の動詞を3歳児のグループと5歳児のグループに紹介しました。5歳児は、「ネケってる」というのは、あのくるくる回す動作のことなのだな、その対象はボールに限らないのだな、という「動作そのもの」をその語の意味として理解する傾向が見られた一方、3歳児は、ボールを回す動作限定としてその架空動詞を解釈する傾向があったと報告されています。つまり、ボールでなく他のものを同じように回した場合は「ネケってる」とは言わないという理解です。3歳児は、対象物と独立して動作だけを意味の対象として取り出すことがまだ難しいということでした。

そもそも、どこからどこまでが単語？

この章では、「ある単語の意味をどう推定するか」という話を扱いましたが、実はその前段階として（今聞いたフレーズの）「どこからどこまでが単語？」という問題もクリアされていなければなりません。最初から答えがわかっているわけではないのです。語彙が完成している大人でもいわゆる「ぎなた読み」(「弁慶がな、ぎなたを持って」→「弁慶がなぎなたを持って」)の例は枚挙にいとまがないくらいです。区切り間違っているだけでなく、そこから新しい単語をでっち上げていますよね(「ぎなた」って何!?　その他「思い〜込んだ〜ら♪」→「重い〜コンダーラー♪」等)。大人でもこの始末ですから、そもそも知っている単語の数が大人よりずっと少ない子どもには毎日がチャレンジのはずです。

ある日、お店屋さんごっこをしているK太郎(5歳)に「これなんぼですか」と尋ねたら、すこし考えて「…1ぼ」と答えたので爆笑しました。現代の感覚では「なんぼ」でひとかたまり、それ以上あえて分解するとは思わなかったのですが、数を表す語の部分と、助数詞(数える単位を表す語)に分かれているはずだと考えたようです。もっとも、「なんぼ」の語源は「何程」(なにほど)だそうですので、この場合は子どもの感覚のほうが理屈としては正しいのでした。

ことばの旅はおわっていない

大人となった今では忘れてしまいましたが、かつて私たちはことばを覚える過程で頭のなかでこうしたさまざまな推論や試行錯誤、柔軟な微調整を行っていたはずです。大人の私たちに当てはめてみると、外国語や自分の地域以外の方言で知らない表現に出会ったときに、どのように勘を働かせて単語の単位を抜き出し，その意味範囲を類推するか，あるいはそうした試みの失敗例にはどういうものがあるか，という経験と通じる部分がありそうですね。

次の例も，子どものその過程での「ちょっと合ってるけど違う〜」のひとつでしょう。

「これ，粘土みたいだよ，さわりかたが」（「触った感触が」の意。K太郎6歳）

「感触」つながりですが，先ほど「2歳児」「3歳児」としてご紹介したYちゃんの数年後，国語辞典で意味を調べる宿題にとりくんでいるときの母子の会話――

（辞書に「なめらか：物の表面がすべすべしている様子」と書いてあるのを見て）

母「すべすべしているってどういう意味かなあ」

子「物の表面の表し方のひとつ」

母「それだとごつごつしている時もそうだよね」

子「物の表面に凹凸がないこと，にする」（Yちゃん8歳）

お見事です…。（注：旅のペースには個人差があります！）

第6章

子どもには通用しないのだ

ぶぶ漬け伝説

京都で、訪問先のお宅でさて帰ろうかという時に、そこのご主人に「ぶぶ漬けいかが？」と言われ真に受けたらどうなるか――有名な「ぶぶ漬け伝説」はご存じですよね。では、ご近所さんから次のように話しかけられた時の正しい答えは？

「お宅のお坊ちゃん、ピアノ上手になられましたね」

「いや～それほどでも♡」は不正解！　そう、正解は「ご迷惑をおかけしています」。
このように大人は、直接コトバにすると角が立ってしまいそうなメッセージでも上手にやりとりする術を持っています。人類はそれを発達させすぎてしまったのでしょうか、私たちの周囲には「コトバの意味そのまま」でないやりとりが満ちています。だけど、子どもたちは果たしてそうした術を使いこなせているのでしょうか。

子どもに通じるか

子「今日セブン-イレブン行く？」
母「今日は買うものないんだよ」

子「…今日セブン-イレブン行く?」

これは、セブン-イレブンに行きたいK太郎(3歳)です。大人だったら、「今日は買うものがないいんだよ」と相手が答えれば、「だから行かないいんだ」と答えているのと同じだと理解するところです。ですが彼にとっては「行く?」と尋ねた以上、「セブン-イレブンには行かないんだよ」と言ってもらわない限り、質問に答えてもらったことにはならないのですね。

子どもの言語習得の研究では、「直接的な表現」(例:「セブン-イレブンには行かない」)を理解した後の段階としてはじめて、ことばの表面的な意味とは異なる間接的な表現(例:「今日は買うものがないいんだよ」は「行かない」ということ)を理解する段階に達すると言われています。

そうした間接的な表現を子どもは何歳ごろから理解できるのか、という問いに関しては、多くの言語で昔からたくさんの調査がなされてきましたが、おおむね、7歳ごろになると大人と同じような理解ができる子が多くなると言われています。7歳より前では、「3歳でも間接的な表現が理解できる」「いや、4〜5歳までは難しい」「5歳でも難しい」などいろいろな報告があります。具体的にどのような表現を対象に、どのような方法で調べているかによって、結果がばらついているようです。

こんどは、先ほどのK太郎が、6歳になってからの会話です。

子「もうたまごやき、こんなに食べられない」
母「じゃあ他のおかずはぜんぶ食べなさい」
（そのすこしあと）
母「じゃあそのたまごやき、半分だけ食べて」
子「たまごやきは食べなくてもいいって言ったじゃん！」

母はたまごやきは食べなくていいなんてひとことも言ってませんが…。子どもは全体の流れ（とくに、「じゃあ××は食べなさい」との対比）から、たまごやきは食べなくていいという間接的なメッセージを（都合よく）見いだしていますね。やるじゃないか6歳児と言いたいところですが、まあ世の中そんなに甘くない、しっかり完食させました。とはいえ、「この子の解釈も一理ある…よな…」と思ってしまった母でした。

ことばにしていないことがどうして伝わるのか

ことばによる表現が、直接的な、ことば通りの意味だけでなく、間接的に別の意味を伝えることによって、話し手にとっては使える表現の幅が広がることになります。だけど、聞き手にとってはどうでしょう。今の話し手の表現が、ことば通りの意味なのか、あるいはそうでない、間接的な解釈が求められているのか、どのように区別すればいいのでしょうか。言語学でいうとこれは「語用論」という分野の問題です。ことばの知識の「実践編」といったところでしょうか。

語用論の入門書で必ず言及されるポール・グライスという哲学者・言語学者は、文字通りの意味でない表現がうまく伝わるためのよりどころとして、人間はある一定の相互了解のもとに、コミュニケーションを行っているとしています。この「グライスの会話の公理」とよばれているものを、次に自己流で思い切って短くまとめてみました。

原則として、人間が相手に対して何か言うとき、話し手と聞き手が共有している目的（情報の共有や交換）を達成しようと会話するものである。なので、求められているだけの情報量に意図的に過不足をもたらすことなく（量の公理）、意図的に間違ったことは言わず（質の公理）、話題との関連性からいたずらに逸脱することもなく（関係の公理）、意図的にわかりにくい表現をあえて用いることもない（様態の公理）と、お互いに期待してよい。

逆にいうと、これらの点のいずれかにおいて何らかの明らかな逸脱がある場合、それには根拠がある、と解釈されます。つまり、文字通りの表現以外の意味をそこに見いだしたほうがいいぞ、というヒントであることが、人間の知識には織り込み済みだということです。

就職活動中の学生のために書かれた推薦状が、面白い人格とサークル活動の話で終始していたら、学業は優れていないことが、そう書かれていなくても伝わりますし（関係の公理）、何か追及されてことばを濁したり話題をはぐらかそうとしたりする行為だけで、やましいことがあるのだとほぼ伝わってしまう（様態の公理）ことはご存じのとおりです。

それでは、クイズ。右の「量の公理」に関するものです。財布の中に500円持っている人が、「ボク100円持っているよ」と言ったとしたら、この発言は正しいですか、おかしいですか。

500円持っているときに「ボク100円持っているよ」は正しいか

答えは、論理的にいえば正しい（500円持っているということは、100円持っているということを含む）が、語用論的にはおかしい（量の公理に違反）、です。普通、「100万円あります」と言われたら、200万円はないんだな、と理解しますよね。

大人であれば、よっぽど特殊な状況でない限り、普通は「語用論」的に解釈して、たとえば今のクイズには「おかしい」と答えます。ここでの判断の根拠をとくに「尺度推意（または尺度含意）」といいます。尺度関係（大小の程度の違い）がある表現において、たとえば「100円」「少し」「何人か」といった言い方を選んだ以上、それより大きな量の存在はことばの使い方の常識のうえで（つまり語用論的な計算の結果）否定されるというのが「尺度推意」です。

大人はこの尺度推意を了解しているために、「100円と言ったなら200円はない」「少しと言ったからにはたくさんはない」「何人かと言うなら全員ではない」ことを読み取るのです。

子どもも大人のような解釈ができるか

子どもたちも尺度推意をふまえ、「こういう状況で普通はこういう言い方はしないだろう」という推論を働かせて、大人のように語用論的な解釈ができるのでしょうか。この問いに対して、ギリシャ語、ドイツ語、英語など多くの言語でこぞって調査がされてきました。その結果、おおむね、次のような表現（いろんな言語での報告を混ぜて紹介することになりますが、例は日本語に直しました）は5歳より下の子どもたちにはおおかた「間違っていない」と判断されることが報告されています。

「何頭かの馬が丸太を飛び越えた」（その場にいるすべての馬が丸太を飛び越えたときに）

大人だったら相当違和感がありますよね。

ただ、数字を使ってみると、子どもたちにとってもおかしいと感じる割合が増えるようで

す。

「2頭の馬が丸太を飛び越えた」（3頭の馬が丸太を飛び越えたときに）

たしかにもっとウソっぽくなります。

また、「だけ」をつけてみると、大人であればかなり「おかしい」と思えます。

「何頭かの馬だけが丸太を飛び越えた」（その場にいるすべての馬が丸太を飛び越えたときに）

ですが4～5歳の子どもでは、「だけ」をつけた効果は大人に比べてあまり大きくないという報告もあります。

このように、6歳くらいまでの子どもたちが尺度推意に違反する表現を「おかしい」と判断するかどうかは、ある程度は尺度表現のタイプによりけりであるようです。

さらに、どのような課題をとおして子どもから解釈を引き出そうとするのかという調査方法の違いによって、結果はかなり左右されるようですが、こうした尺度推意に基づいた推論は、7歳くらいでだいたい大人と同じように行われるようになる、という観察においては、おおむね多くの報告で一致しています。

相手の心をよむチカラ

人間のコミュニケーションにおいては、相手と自分との間でどれくらい情報が共有されているか、というのはとても重要な前提で、それにより話し手が使う表現や聞き手の解釈が左右されることもわかっています。自分だけでなく他者の認識や知識を推し量るために人間にそなわっている能力のことを「心の理論」といいます。

この能力を測るテストとして「誤信念課題」という方法が知られています。よく知られた例は、実際の課題に用いられた登場人物にちなんで「サリーとアン課題」ともよばれるものです。たとえば、サリーがカゴにビー玉を入れたのち、その場を離れている間に、アンがやってきてそのビー玉を先ほどのカゴから取り出して隣の箱に移した、という場面を設定します。「さて問題です。サリーが帰ってきたとき、ビー玉を探してまずどこを見ると思いますか」と子どもに尋ねると、3歳くらいまでの子どもは「箱の中！」と答えることが知られています。4～5歳から上になると、「いや、ビー玉が移動したことをサリーは知らないはず

(1)
(2)
(3)
(4)
(5)

サリーとアン課題　上から順に，次のように話が進む．(1)サリー(左側の子)はカゴを持っています．アン(右側の子)は箱を持っています．(2)サリーはビー玉を持っています．サリーは自分のカゴにそのビー玉を入れました．(3)サリーは散歩に出かけます．(4)アンはビー玉をカゴから取り出して，箱に入れます．(5)サリーが帰ってきました．サリーはビー玉で遊ぼうと思っています．サリーはビー玉がどこにあると思って探すでしょうか？(Uta Frith. *Autism: Explaining the Enigma*. Blackwell Publishers, 1989, p. 83 より)

だ」ということに考えが及び、「カゴ」と答えるようになるそうです。

こうした「他者の認識について推論する力」がそなわってくる年齢は、先ほどご紹介した、ことばの理解において、人間同士の了解事項に照らし合わせ、直接表現されていない語用論的な意味を理解する能力の発達が見られる年齢とも重なっていると考えられます。

K太郎は7歳ともなると、母の指示通りにしたくないときにこんな口応えをするようになりました。

「お母さんがそうさせたいからって××しろって言わないで！」

「お母さんが命令していることは、ボクのためでなくてお母さん側の都合だろ！」と言いたいのか。図星と言いがかりがだいたいハーフ&ハーフだ！　心の理論をマスターすることによって生意気さにますます磨きがかかりますのでご用心。

周りの状況をよむチカラ

表現の解釈は、状況によるところも大きいものです。財布の中に500円持っている人が、「ボク100円持っているよ」と言ったとしたら、という問いに戻りますが、これも、漠然と「お金持ってる?」と聞かれて答えるのか、自動販売機の前で財布に30円しかなくて困っている人に対して言う台詞なのかで、判断は違いますよね。大人になるまでに、私たちは、相手の言うことを、表現そのものから得られる情報のほかに、自分をとりまく「状況」「文脈」も考慮にいれた総合的な判断のもとに解釈できるようになります。アメリカで出版された子どもの言語発達の教科書にも「今何時かわかる?」という問いかけに、「うん、わかるよ」とだけ答えてニヤニヤ大人の反応を見る、という6歳児の例(原文は英語)が載っています。これは完全に、「この状況では、今何時かを答えてほしい、という意味だ」ということを承知のうえで、あえて大人をからかっているのですね。

心理言語学の分野でもさまざまな手法を用いた実験調査が行われてきていますが、大人と同じように、自分の周りの状況を反映させたうえで相手の言うことを理解するようになるのはだいたい7~8歳くらいではないかと言われています。

なので、そうなる前の子どもなら、お母さんがいくら目を三角にして怒っていようが——

母「もうっ、何回言ったらわかるの!」

子「え…5回…?」(ズコッ)

第7章

ことばについて考える力

ことばを客観的に見る

3歳あたりから、子どもたちの「なんで」「どうして」攻撃がはじまります。

「なんで速くしたらいっぱいあるかと見えるの?」(物を振ったら残像が見えることを指して。第4章より)

とか、

「どうしてお月様はついてくるの」

こういうのばかりだと可愛いのですが――

子「どうしてお母さんはお化粧するの?　キレイになるため?」

母「うん…そうだよ」

子「…(少し間をおいて)…キレイになってないじゃん!」(実話、K太郎4歳)

…彼にはまだ学ぶべきことがたくさんあるようです。

さて、こうした「なんで」「どうして」は、やがて「コトバ」そのものにも及びます。

「「高尾山(たかおさん)」ってなんで「おっさん」がはいってるの？」

「「オオクワガタ」って、なんで「オ」をふたつ書くの？」(いずれもK太郎4歳)

親がどう答えていいか悩む、という意味ではどの例も似たようなものですが、あとのふたつの例は、子どもにとって、「語は、もっと小さい単位に分けられるのかもしれない」ということに気づきはじめたことを示しています。「高尾山ってどこ？」「あの山が高尾山？」「オオクワガタってどんな虫？」というふうに、ことばが指し示す意味内容や対象そのものについての好奇心もさることながら、ここであげたふたつの「なんで」は、意味や内容とは独立して、語の成り立ち、形そのものについて尋ねているものといえます。

ここで見られる、ことばそのものを客観的に見つめる力、ことばに対する自覚的な意識や知識のことを、「メタ言語意識」(「メタ言語知識」「メタ言語能力」とも)といいます。

メタ言語意識は駄洒落などのことば遊びや、各種言語芸術方面での表現技法やそれらを楽しむ感覚を豊かにしてくれます。第2章で話題にしたように、日本語であれば、意識的に「拍」を単位にして五・七・五などの心地よいリズムを作り出すことができます。また、形式の比較的固定した「拍」でなく、子音と母音の組み合わせに多様なパターンをとる「音節」が活躍する言語であれば、子どもの絵本でもすでに脚韻の美しさに親しむことができます。Dr. Seuss の *The Cat in the Hat* など英語圏の子どもたちが大好きな絵本、日本語訳すると cat, hat など脚韻部分が表現できなくて残念ですよね、と書こうと思ったら、なんと映画版の邦題は「ハットしてキャット」だと。訳者も根性だなあ。

メタ言語能力が大切なのは、こうした、芸術としてのことばの技法（駄洒落・オヤジギャグも含む）のためだけではありません。ことばのしくみや成り立ちへの関心は、ことばの世界を冒険するための目となり耳となってくれる大切な感覚です。そして、私や、この本を読んでくださっている方のように、子どものことばの冒険そのものに興味がある大人にとっては、日々の冒険の内容をうかがい知る手がかりをより豊かにしてくれるものです。

第2章で触れた「特殊拍」の話に戻りますが、たとえば、「高尾山（たかおさん）」の中に「おっさん」が入っているという指摘から、「っ」という促音は、現時点でのこの子の脳内ではありなしがそう重要ではないのかもしれないことがうかがえます。それから「オオクワガタ」の「オ」の字がひとつでなくふたつであることが不思議なのだということは、もしかしたら長く伸ばす音は特別なのかな、という気づきなのかもしれません。子どもにとってこれらはまだ自立した単位ではないようだ、ということを私たちに示してくれます。

音で遊ぶ――しりとり

子どもたちにとって、メタ言語能力を行使する初期の機会の代表は「しりとり」でしょう。しりとりを成り立たせるためには、語は、その意味とは独立して、いくつかの音の単位の連続で成り立っていることへの「気づき」と、それらの単位を個々に取り出してみる、という操作が必要なのです。

「しりとり」という遊びを年上の子どもから聞いてきて、うちでもやってみると自信満々に主張する3歳児に「じゃあ…「ねこ」」と振ってあげたら、「くるま」とか「バナナ」とか、まったくかすりもしないような単語を言って、親がずっこける横で当の子どもは誇らしげにしていることがありました。「ねこ」は、少なくとも音の単位として「ねこ」というカタマリよりも小さく(「ね」と「こ」に)分けられることに、この時点では意識が及んでいないようです。同級生の子どもたちも似たような様子でしたので、3～4歳児くらいではしりとり遊びの第一歩はみんな同じようなものなのかもしれません。

しかしやがて多くの子どもは、4歳をすぎるころには、単語を、日本語のシステムにふさわしい「拍」という単位(第2章で紹介した、おおまかにいえば仮名で書く単位)に自覚的に区切ることができるようになるそうです(促音「っ」についてはもう少し時間がかかるようですが、幸い「っ」で終わる語はないので、しりとりでは問題なし)。これがまさに、しりとりで遊ぶために必要な能力です。

これにより、本格的な「しりとり」キャリアが始まるわけですが、ご存じのようにしりとりに登場する語のなかには、次に始める音が何なのか微妙なものも多々あります。そういうのはたいてい、「拍」という単位が、仮名表記と一致していない場合です。「でんしゃ」の次は何から始めればいいの？　「クッキー」のあとは？　いちいち子どもに聞かれると面倒くさい質問かもしれません。何しろルールの決め方ひとつで何が正解不正解とも定められないものですから。

けれども、こういう問いや話し合いをとおして、子どもたちはますますメタ言語意識に磨きをかけていくのに違いありません。もしもさらに、「だけどしりとりはどうして「ん」で終わったらだめなの？」と尋ねる子がいれば、かなり「(メタ言語)意識高い系」ということになるでしょう。

意味で遊ぶ――「踏んでないよ」

第5章で、「単語はいろんな意味成分の集まりだとみなせる」という話をしました。どういう成分が配合されているかによって、その語が表す意味の範囲が決まってくるというわけでした。さて、なんとこの成分を操作して遊ぶという例も目にしました。

(布団に寝転がり、足の裏に絵本をのせて)「踏んでないよ」(Yちゃん3歳)

ああ、どこの家でも子どもは「本を踏んじゃいけません!」と叱られていて、時にはささやかな逆襲をしたがっているんだな、ということがうかがえます。ただしこれは、床の本に足をのせるふりをしながら「残念でした~踏んでません~」と大人をからかうこととは根本的に異なります。わざわざ寝っ転がった姿勢をとるだけでじゅうぶん一手間かかっていますが、それだけではないのです。

ここで姿勢を反対にするということによって、それが「本を踏む」行為に十分近いけど、でも違うでしょ、と示せる理由は何でしょうか。

「踏む」ということばには、「足で触れる」「下向きの力で」といったような意味要素が少なくとも含まれている必要があり、両方なければ「踏む」の意味範囲をカバーしないという認識をまず大人と共有していること。そのうえで、わざと「そのうちひとつだけを満たさない」状態をつくってみせているというのがこの子の「ドヤ!」のゆえんです。

3歳児にしてはかなり高度なメタ言語能力かと思われますが、このままこの力に磨きをかけていけば…将来は、裁判で絶対敵に回したくない相手になりそうです!

構文で遊ぶ――「タヌキが猟師を鉄砲で」

K太郎が4～5歳のころ、保育園で手まり唄「あんたがたどこさ」を教えてもらって、家で披露してくれたのですが、

「あんたがたどこさ、肥後さ、肥後どこさ…〔中略〕…船場山にはタヌキがおってさ、それを猟師が鉄砲で撃ってさ…」

と続くところを、

「…船場山には猟師がおってさ、それをタヌキが鉄砲で撃ってさ…」または、

「…船場山にはタヌキがおってさ、それが猟師を鉄砲で撃ってさ…」

と唄って、ニヤニヤこちらの反応をうかがっています。うちの場合、「な～んじゃそれ、タ～ヌ～キ～が鉄砲に弾入れて構えてバ～ンて撃つんかい、エエ?」くらい盛大に突っ込んであげるまで何度も繰り返すので、親としてはやや面倒くさいです。

エピソードとしてはそれだけのことなのですが、「が」がつくことばと「を」がつくこと

ばが出てくるならば、「が」がつくほうが何かを「するほう」で、「を」がつくほうが「されるほう」であるという助詞の役割、とくに「を」については、個人差もあれど4〜6歳くらいではまだ習得途上だと言われています。

「が」がついたら主語、「を」がついたら目的語、のような基本的な役割を担う語は、もっと早くとっくに使いこなせるようになっていてもおかしくない気はします。実際、2歳前後の子どもはすでに、新しく聞いた動詞の意味を理解するのに、「が」「を」の助詞を参考にすることができるとも言われています。とはいえ、これらの助詞はふだんのやりとりでもしばしば省略されるし（「〇〇ちゃんコップ割ったよ〜」）、また「私はウサギが好き」（目的語のほうに「が」がつく？）「私もなわとびができる」（なわとびは主語じゃないのに「が」？）とか、一概に説明しにくい使い方もあるのでやっかいです。

また、もとの歌では「〇〇を△△が撃つ」というようにそもそも語順が入れ替わっています。子どもは、格助詞の情報でなく、「とにかく文の最初にあるものが主語(何かをする側)」だと解釈する傾向もあるため、このように標準的でない語順をもつ文をスムーズに理解するのが難しいとも言われています。ただしこの場合のように「船場山にはタヌキがおってさ」と前フリ(適当な文脈)があったり、適切な抑揚がついていれば(この歌のメロディがとくにそう貢献しているかはわかりませんが)、語順が入れ替わることは子どもにとってそう障害にならないことも報告されています。

なので、この「あんたがたどこさ」の替え歌をきいたとき、「が」と「を」を正しく使えるしるしだと確信しましたが、それだけでなく、タヌキと猟師というキャラについている「が」と「を」を付け替えたら意味が逆になること、しかも助詞を正しく使いさえすれば、語の順番は入れ替え可能であるということを理解したうえで、その智恵を意識的にとりだして操作するメタ言語能力が身についていることを実感したものです。(もっとも、こういう感心エピソードの実態としては、本人のオリジナルではなく、年上のお友達が言っているのをそのまま聞きかじってきただけというケースが多々あるので…真相はわかりません。)

解釈で遊ぶ——「大坂城を建てたのは誰?」

第6章で話題にしたことですが、「今何時かわかる?」という問いかけに、「うん、わかるよ」(原文は英語)と答えて大人をからかう6歳児がいました。文法的には「わかる?」と聞かれているのだから、「うん、わかるよ」という答えで正しいのですが、実際はここではわかるかどうかではなく、何時なのかを答えてあげなければならないという語用論的解釈はもちろん承知したうえで、大人をからかっているのです。

わざわざ英語の例をあげなくても、次のようなやりとりを、子どものころに一度はやりませんでした？

「大坂城建てたの誰か知ってる？」
「豊臣秀吉」
「ブ〜！　答えは、大工さんで〜す」

このなぞなぞは、「建てる」とは、実際に建てる作業に携わるという意味のほかに、建設を決定し、お金を出してそれを命じるという意味でも使われることを皆が了解していることを前提にしています。さらに、通常の文脈でこう尋ねる場合は関心の対象は前者でなく後者であることも了解したうえで、あえてそれを覆すから、有効ななぞなぞになるというわけです。グライスの公理にあてはめてみれば、「話題との関連性からいたずらに逸脱しない」という関係の公理にわざと違反する、という技です。

こうして解説してみると、実にくだらないと思っていたなぞなぞも、ずいぶん高度なものに見えてきますね。

それから、ひとつの単語が複数の意味を持つこともある、という現象に加え、「お腹をすかせた赤ちゃんのお母さん」というように、フレーズの区切り方によって複数の解釈が得られることもあります(構造的多義性)。こういう場合の、「お腹をすかせているのは赤ちゃんかお母さんかどっち?」「…つまり、どこで区切るかによって意味が二通りになるのか」という気づきにもこのメタ言語意識が関係しています。はっ、この本のタイトルもそうだ!

音で遊ぶ(その2)——「がっきゅう○んこ」

前に出てきた「音で遊ぶ」の「音」は、日本語でいえば「拍」という、いわゆる音のまとまりの単位という意味合いで使っていました。さらにもう少し細かいレベルの「音」で遊ぶこともできます。

第1章で、「は」と「ば」は、テンテンのあるなしのペアに見えるがじつは共通点に乏しいこと、一方「ぱ」と「ば」、「た」と「だ」、「か」と「が」は共通性が高いのでペアとして扱われてしかるべき、ということを述べました。この「共通点」には、「口の中で発音に使う場所」という要素が含まれるのですが、じつはその要素だけを取り出して遊ぶ小学生の存在が報告されています。それはかつてのあなた、かつての私かもしれません。

（口の両端を指で左右に引っ張りながら）「こうやって「学級文庫」って言ってみて！」

やりとりの続きは省略しますが（何のことかワカラナイ、という方は実際にやってみてください。子どもの大好きなアノ単語になります）、彼らは「ぶんこ」の「ぶ」は「両唇がくっつかないと発音できなくなることがポイントらしい」ということをわかったうえで遊んでいることがわかります。そして――

「じゃあ同じようにして「北海道」って言ってみて！」

（相手が、苦労しながら「ほ、ほっひゃいほう…」と答えるのを聞いて）

「ばかみたい～、普通に言えるのに～」

両唇がつかないと発音できなくなる音は「ほっかいどう」の中には入っていないことも！

ことばの旅路をあたたかく見守ろう

ことばを情報伝達の手段として使うだけでなく、ことばそのものの形式・規則やその役割に関する無意識の知識への「気づき」を意識の上にとりあげる力、それを客観的に見つめ、時にはそれをいじって遊ぶことのできる能力。この力を育て、使うことにより、子どもたちのことばの旅はより豊かなものになっていきます。その能力は、母語の力を培うだけでなく、日本語以外の言語に触れたときにも、きっと大きな力になってくれることでしょう。自分の母語をとおして培われたこの能力——ことばの不思議に気づき、ことばを客観的に見る力は、同時に違った言語、そして違った言語を含む他者全体を理解する力にもつながるでしょう。子どもだけでなく大人にとっても、とても大切な能力です。

私たち大人も、母語以外の外国語に触れることによって、母語に対する理解がより深まるということを経験したことはないでしょうか。第1章で、大人の母語話者が見逃している日本語のなかの隠れた法則に気づかせてくれるのは、子どもや外国人(外国語話者)であることが多い、ということを述べました。無意識に身につけてしまった後では疑問にも思わなかった自分自身の母語の特徴について、外国語学習をきっかけに改めて客観的に見えてくることがあると思います。

また、日本語を身につけた大人になった後も、ことばの芸術を楽しむための素養としてはもちろんのこと、ふだんの生活で、政治家の答弁や業者の広告にたまに登場するような「意図的に曖昧にされた表現」に騙されないための武器としても「メタ言語意識」を研ぎ澄ませていたいものです(もっとも、「メタ言語意識」は騙すほうの能力にも結びつきますが…)。

だから、ことばの旅の最中の子どもたちに

「ふとんがふっとんだ〜」

レベルの駄洒落をいくら聞かされようが！

「パンつくったことある？」

「あるよ」

「わ〜っ！ パンツ食ったことあるって〜」

「「いっぱい」の「い」を「お」に替えて言ってみて！」

こんな脱力モノの遊びにどれだけ付き合わされようが！

子どもたちのたくましい旅路をあたたかく見守りたいものです。

え⁉ 大人になってもやってる人が職場にいるのでなんとかしてほしいって？

まだ旅が続いているんだね！

あとがき

みなさん、ことばの旅はいかがでしたか。

本書を書かせていただこうと思ったきっかけは、おそらくご推察のとおり、自分で自分の息子を観察して書きためていた「ことばの記録メモ」です。言語学者が子どもを持ったら、たぶんみんなやってると思います。で、それをＳＮＳで、「こんな面白いこと言ったよ～」などと小出しに発信していました。

面白いと思ってくれるのは同業者の言語学仲間ばかりの内輪ネタだよね、これ…なんて思っていたら、ママ・パパ友や同級生、知人友人のなかにも興味を持ってくれる人たちがたくさんいて、「うちの子も・姪も・自分の小さい頃も、こんなことを言っていたよ」などの報告や、あるいは単純に、「なるほど」「そりゃ発見だ！」に類する感想も多数いただきました。

言語学者以外の人たちに興味を持ってもらえるのがとてもうれしくて、「子どものこういう言い方がどうして興味深いのか」「ことばの発達という観点からどんな意味があるのか」「ことばについて何を教えてくれているのか」、何ならもっと説明させて！　存分に語りたい！でもそれＳＮＳのコメント返しでやるとたぶん長すぎっ！（だからほどほどに）…そんなことを重ねるうちに、やはりどうしても伝えたい、それもできればまるごと全部！という気持ちが募ってきたのでした。

偶然、最近「岩波科学ライブラリー」の一冊を執筆した、という同僚がいて、担当編集者であった浜門麻美子氏を紹介してくれました。浜門氏に最初に本書の企画をお話ししたときに、「とはいえ気まぐれにつけていた観察日記のネタだけで一冊は書けないだろうなあ」「ただの我が子日記（親バカ日記？バカ親日記？）になっちゃうしなあ」と自分でも思ったので、他の子どもさんの発話の例も補充したいのだけど、とご相談したところ、ご自身のお子さんであるYちゃんのことばの記録を発信し続けている、というTwitterをすぐさまご紹介くださいました。これがまさに驚きのお宝箱。学年二つしか違わないはずの息子とYちゃんとの「個人差」には驚愕しましたが、「これで一冊書けない気がしない！」――膨大なツイート（投稿）を一気読みしながらそう強く思いました。いやはや、実際に書き始めるとこれがまた楽しくて、原稿を前に「書き終わっちゃうとさびしいなあ」という、他の原稿では絶対ありえない貴重な気持ちを味わうことができました。

まず、編集を担当してくださった岩波書店の松永真弓氏、浜門麻美子氏にこの場を借りて心よりお礼申しあげます。また、同業者である研究者仲間の方々にも草稿に目を通していただき、「こんな事例はどう？」「こう説明したほうがわかりやすい」「この文献も紹介したほうがいいよ」など、数々の貴重なご指摘・ご助言をいただきました。今井むつみ氏、菅原彩加氏、松岡和美氏に深くお礼申しあげます。さらに、現在の所属組織の同僚である伊藤たかね氏、また研究仲間の川原繁人氏には、内容に関する多数の貴重なアドバイスに加えて、ご自身のお子さんのエピソード(それぞれNちゃん、Sちゃんとして本文中に登場しています)をご提供いただきました。心より感謝いたします。(わかってはいましたが、「言語学をやる人は子どもを見てホントみんな同じこと考えてるんだな!」と改めて確信しました。)

それから、ふだんより息子の成長を、現実世界で身近に、あるいはSNSを通して見守り、ともに楽しんでくれている親愛なる方々、この本があるのは他でもないみなさんのおかげです。今後ともどうぞよろしくお願いいたします。

そしてこの本に登場する「ちいさい言語学者」たち、お供させてくれてありがとう!　大きくなったら読んでね。

最後に、読んでくださったみなさんへ。直接お会いしたことはないですが、この本を通じて、これからもご家庭の、ご親戚の、ご近所の、あるいはお出かけ先で見かけたそれぞれのちいさい言語学者たちとともに、ことばの旅を楽しんでいただければ本当にうれしいです。

二〇一七年二月

広瀬友紀

30. 尺度推意の理解について英語話者の大人と子どもを比較した実験：

Barner, D., N. Brooks & A. Bale (2011) Accessing the unsaid: The role of scalar alternatives in children's pragmatic inference. ***Cognition*** 118: 84–93.

31. 20. と同じ文献です：

de Villiers, J. G. & P. A. de Villiers (1978) ***Language Acquisition***. Cambridge, Massachusetts: Harvard University Press. p. 171.

〈第 7 章〉

32. メタ言語意識を説明してくれる記事を 2 編挙げましたが，おすすめ書籍に挙げた大津由紀雄 編(2008)『ことばの宇宙への旅立ち：10 代からの言語学』1 の序章もぜひ：

大津由紀雄(1982)「言語心理学と英語教育」『英語教育』31(7)：28–31.

大津由紀雄(1989)「メタ言語能力の発達と言語教育：言語心理学からみたことばの教育」『月刊言語』10 月号，18(10)：26–34.

33. 子どもの格助詞の習得，理解についての研究です：

Suzuki, T. (2011) A case-marking cue for filler-gap dependencies in children's relative clauses in Japanese. ***Journal of Child Language*** 38(5): 1084–1095.

鈴木孝明(2007)「単一項文の理解から探る幼児の格助詞発達」『言語研究』132: 55–76.

34. 2 歳児が格助詞の情報を頼りに動詞の意味を推測することが示されています：

Suzuki, T. & T. Kobayashi (2017) Syntactic cues for inferences about causality in language acquisition: Evidence from an argument-drop language. ***Language Learning and Development*** 13: 24–37.

35. 日本語では主語，目的語等の語順が入れ替え可能ですが，子どもは大人ほど柔軟には，語順の入れ替えに対応するのが難しいことを示しています：

Hayashibe, H. (1975) Word order and particles: A developmental study in Japanese. ***Descriptive and Applied Linguistics*** 8: 1–18.

36. 語順が入れ替わった文でも適切な文脈情報があれば子どもは理解できると論じています：

Otsu, Y. (1994) Early acquisition of scrambling in Japanese. T. Hoekstra & B. Schwartz (eds.), ***Language Acquisition Studies in Generative Grammar***. Amsterdam: John Benjamins. pp. 253–264.

37. 適切な抑揚(韻律情報)が，子どもにとって語順の入れ替わった文の理解の助けになることを示しています：

Minai, U., M. Isobe & R. Okabe (2015) Acquisition and use of linguistic knowledge: Scrambling in child Japanese as a test case. ***Journal of Psycholinguistic Research*** 44(3): 287–307.

Some effects and non-effects of maternal speech style. C. E. Snow & C. A. Ferguson (eds.), *Talking to Children*. Cambridge: Cambridge University Press. pp. 109–149.

22. 修飾句＋名詞における子ども独特の発話パターンが詳しく分析されています：

Murasugi, K. (1991) Noun phrases in Japanese and English: A study in syntax, learnability and acquisition, Ph. D. dissertation, University of Connecticut, Storrs, Connecticut.

23.「～か」と「～と」の機能の習得(修正)における問題の指摘がされています：

Sugisaki, K. & Y. Otsu (2011) Universal grammar and the acquisition of Japanese syntax. J. de Villiers & T. Roeper (eds.), *Handbook of Generative Approaches to Language Acquisition*. pp. 291–317.

〈第 5 章〉

24. 語の意味の過剰拡張についての文献です：

Clark, E. V. (1973) What's in a word? On the child's acquisition of language in his first language. T. E. Moore (ed.), *Cognitive Development and the Acquisition of Language*. New York: Academic Press. pp. 65–110.

25. 本文中で紹介している一連の実験結果は，複数の論文からとっていますが，この本にまとめてわかりやすく紹介されています：

今井むつみ，針生悦子(2014)『言葉をおぼえるしくみ：母語から外国語まで』ちくま学芸文庫，筑摩書房.

26.「ムタ」という架空語が示す物体が，転がして遊ぶものか，覗きこんで見るものかという大人が違った反応をしてみせた結果，子どもが学び取る内容が異なることを示しています：

Kobayashi, H. (1997) The role of actions in making inferences about the shape and material of solid objects among Japanese 2 year-old children. *Cognition* 63(3): 251–69.

〈第 6 章〉

27.「グライスの会話の公理」の出典：

Grice, H. P. (1975) Logic and conversation. Cole, P. & J. L. Morgan (eds.), *Syntax and Semantics 3: Speech Acts*. New York: Academic Press. pp. 41–58.

28. 尺度推意の理解についてイタリア語話者の大人と子どもを比較した実験．子どもの尺度推移の理解にはここで挙げた以外にも近年多くの研究があります：

Foppolo, F., M. T. Guasti & G. Chierchia (2012) Scalar implicatures in child language: Give children a chance. *Language Learning and Development* 8: 365–394.

29. 尺度推意の理解についてギリシャ語話者の大人と子どもを比較した実験．多くの研究の動機付けとなっています：

Papafragou, A. & J. Musolino (2003) Scalar implicatures: Experiments at the semantics-pragmatics interface. *Cognition* 86: 253–282.

tion. R. Slabakova et al. (eds.), ***Proceedings of the 9th Generative Approaches to Second Language Acquisition Conference*** (GASLA 2007). Somerville, Massachusetts: Cascadilla Proceedings Project. pp. 30–36.

〈第 3 章〉

13. 過剰拡張の例の出典として挙げましたが，こうした例は他にも多数の本で紹介されています．この本自体もよく知られる教科書です：

Clark, E. V. (2016) ***First Language Acquisition***, 3rd Edition. Cambridge: Cambridge University Press. p. 296.

14. 自動詞と他動詞の間の過剰拡張の例(英語)：

Bowerman M. (1988) The "no negative evidence" problem: How do children avoid constructing an overly general grammar? J. A. Hawkins (ed.), ***Explaining Language Universals***. Oxford: Blackwell. pp. 73–101.

15. 自動詞と他動詞の間の過剰拡張の例(日本語でも)

伊藤克敏(2005)『ことばの習得と喪失：心理言語学への招待』勁草書房.

伊藤克敏(1990)「第 4 章「自」から「他」の世界へ：使役・他動詞の発達」『こどものことば：習得と創造』勁草書房.

16. あげる，くれる，もらうの過剰拡張の例も紹介も解説されています：

今井むつみ(2013)『ことばの発達の謎を解く』ちくまプリマー新書，筑摩書房.

〈第 4 章〉

17. 親は子どもの言うことが文法的に正しいか否かによって訂正することはないとの指摘：

Brown, R. & C. Hanlon (1970) Derivational complexity and order of acquisition in child speech. J. R. Hayes (ed.), ***Cognition and the Development of Language***. New York: Wiley.

18. "Nobody don't like me" は言語習得のたいていの教科書に出てくる有名な例です：

McNeil, D. (1966) Developmental psycholinguistics. F. Smith & G. A. Miller (eds.), ***The Genesis of Language: A psycholinguistic approach***. Cambridge, Massachusetts: MIT Press.

19.「赤ちゃんうさぎを holded」の例が紹介されています．往年の人気を誇る言語学の入門書です：

Fromkin, V., R. Rodman & N. Hyams (2014) ***An Introduction to Language***, 10th edition. Wadsworth, Cengage Learning. p. 422.

20. "mine–mines, yours–your" の例が紹介されています．こちらも昔から有名な子どもの言語習得の教科書です：

de Villiers, J. G. & P. A. de Villiers (1978) ***Language Acquisition***. Cambridge, Massachusetts: Harvard University Press. p. 206.

21. 子どもの発話だけでなく，大人が子どもにどのようなことばを使って話しているかも注意深く分析しています：

Newport, E., H. Gleitman & L. Gleitman (1977) Mother, I'd rather do it myself:

参考文献・引用文献

〈第 1 章〉

1. ズバリ，「「は」にテンテンは ga」になる件について．他に関係する話題も：
伊藤たかね(2017)「「は」に点々がついたら「が」：子どもの言語獲得に見られる過剰一般化」『〈不思議〉に満ちたことばの世界』開拓社．

垣花真一郎(2005)「濁音文字習得における類推の役割」『教育心理学研究』53：241-251.
2. 発音のしくみや言語音の特徴の記述などを含め，とても参考になります：
川原繁人(2015)『音とことばのふしぎな世界』岩波科学ライブラリー，岩波書店.
3. ライマンの法則の出典：
Lyman, B. S. (1894) *The change from surd to sonant in Japanese compounds*. Philadelphia：Oriental Club of Philadelphia.
4. ライマンの法則が江戸時代にすでに発見されていた根拠とされる文献の例：
本居宣長(1798)『古事記伝』(本居清造 再校訂(1902)『校訂 古事記傳 乾』吉川弘文館).
5. ライマンの法則やハ行の三角関係についてわかりやすく解説されています：
窪薗晴夫，太田聡(1998)『音韻構造とアクセント』研究社.
6.「し，ち，じ，ぢ」といういわゆる四つ仮名の区別のされ方の方言差について：
平山輝男(1968)『日本の方言』講談社現代新書，講談社.

〈第 2 章〉

7. 日本語に音節という概念が必要なのか疑問を呈する論文：
Labrune, L. (2012) Questioning the universality of the syllable：Evidence from Japanese. *Phonology* 29(1)：113-152.
8. 7. への反論：
Kawahara, S. (2016) Japanese has syllables：A reply to Labrune (2012). *Phonology* 33(1)：169-194.
9. 読み書きの学習が進むにつれ，音の区切りも拍の単位に変化することを示した論文：
Inagaki, K., G. Hatano & T. Otake (2000) The effect of kana literacy acquisition on the speech segmentation unit used by Japanese young children. *Journal of Experimental Child Psychology* 75：70-91.
10. 言語によって音を区切る単位が異なることを 3 言語比較実験で示した論文：
Otake, T., G. Hatano, A. Cutler & J. Mehler (1993) Mora or syllable? Speech segmentation in Japanese. *Journal of Memory and Language* 32：258-278.
11. 本文で紹介する子どものことばの珍プレーと大人の「言い間違い」が本質的にどう異なるか，また共通している部分は何かについて，とても楽しくよくわかる説明です：
寺尾康(2002)『言い間違いはどうして起こる？』岩波書店.
12. 音位転換のパターンを，日本語母語話者の子ども，大人，日英バイリンガルで比較．E くんは第一著者の息子さんです：
Fukazawa, H. & V. Miglio (2008) What metathesis reveals about L1 and L2 acquisi-

もっと知りたい人へのおすすめ書籍

一般書店で入手しやすいものばかりです．個人的な感想に基づいて分類してみましたが，それぞれ重なる範囲を多くカバーしています．

◆〈子どもの発話の例をもっと包括的に見てみたい〉

伊藤克敏(1990)『こどものことば：習得と創造』勁草書房.

◆〈「言語習得」に関わる幅広い観点からの研究も知りたい〉

伊藤克敏(2005)『ことばの習得と喪失：心理言語学への招待』勁草書房.

岩立志津夫，小椋たみ子 編(2005)『よくわかる言語発達』ミネルヴァ書房.

鈴木孝明，白畑知彦(2012)『ことばの習得：母語獲得と第二言語習得』くろしお出版.

村杉恵子(2014)『ことばとこころ：入門 心理言語学』みみずく舎.

◆〈人間の発話のしくみそのものに興味がある〉

寺尾康(2002)『言い間違いはどうして起こる？』岩波書店.

◆〈子どもの内なる言語の知識についてもっと知りたい〉

大津由紀雄 編(2008)『ことばの宇宙への旅立ち：10代からの言語学』1，ひつじ書房.（続巻もぜひ）

大津由紀雄，今西典子，池内正幸，水光雅則 編(2002)『言語研究入門：生成文法を学ぶ人のために』研究社.

杉崎鉱司(2015)『はじめての言語獲得：普遍文法に基づくアプローチ』岩波書店.

松岡和美(2004)「第4章 生成文法と言語獲得研究」中井悟，上田雅信 編『生成文法を学ぶ人のために』世界思想社．pp. 167-199.

スティーブン・ピンカー(椋田直子 訳)(1995)『言語を生みだす本能 上・下』NHKブックス，NHK出版.

◆〈子どもが周囲の世界とどう関わって知識を獲得するのかに興味がある〉

今井むつみ(2013)『ことばの発達の謎を解く』ちくまプリマー新書，筑摩書房.

今井むつみ，針生悦子(2014)『言葉をおぼえるしくみ：母語から外国語まで』ちくま学芸文庫，筑摩書房.

小林春美，佐々木正人 編(2008)『新・子どもたちの言語獲得』大修館書店.

マイケル・トマセロ(大堀壽夫，中澤恒子，西村義樹，本多啓 訳)(2006)『心とことばの起源を探る：文化と認知』シリーズ認知と文化4，勁草書房.

広瀬友紀

大阪府出身．同志社大学文学部卒業，ニューヨーク市立大学にて言語学博士号（Ph. D. in Linguistics）を取得．電気通信大学を経て，現在東京大学総合文化研究科教授．専門分野は心理言語学・特に言語処理．著書に『ことばと算数 その間違いにはワケがある』（岩波科学ライブラリー），『子どもに学ぶ言葉の認知科学』（ちくま新書）．その他『ことばとともだちになるしりとりきょうしつ』（小学館）監修．これまで主に成人を対象とした実験研究を行ってきたが，近年は言語発達過程の子どもが獲得途中の知識をどのように運用するのか，という問題にも強い関心を寄せる．K太郎もいよいよ中学生に．かつての可愛い冒険譚の記憶が，反抗期息子の母のササクレだった心に染み入る今日この頃….

岩波 科学ライブラリー 259

ちいさい言語学者の冒険 —子どもに学ぶことばの秘密

2017年3月17日 第1刷発行
2024年2月15日 第18刷発行

著 者 広瀬友紀《ひろせゆき》

発行者 坂本政謙

発行所 株式会社 岩波書店
〒101-8002 東京都千代田区一ツ橋2-5-5
電話案内 03-5210-4000
https://www.iwanami.co.jp/

印刷 製本・法令印刷 カバー・半七印刷

ISBN 978-4-00-029659-5 Printed in Japan

●岩波科学ライブラリー〈既刊書〉

307 有田正規
学術出版の来た道
定価一六五〇円

学術出版は三五〇年を超える歴史を経て、特殊な評価・価値体系を形成してきた。その結果として生じている学術誌の価格高騰や乱立、オープンアクセス運動、ランキング至上主義といった構造的な問題を解き明かす。

308 土谷尚嗣
クオリアはどこからくるのか？
統合情報理論のその先へ
定価一五四〇円

これまでの研究における発展と限界、有望視されている統合情報理論、そして著者が取り組んでいるクオリア(意識の中身)を特徴づける研究アプローチを解説。意識研究の面白さ、研究者が抱いている興奮を伝える。

309 谷口忠大
僕とアリスの夏物語　人工知能の、その先へ
定価一七六〇円

突然現れた謎の少女アリス。赤ちゃんのように何も知らなかったが、主人公・悠翔たちから多くを学んでいく。しかしある日……!?　ＡＩと共存する未来とは。「発達する知能」はどう実現されるのか。小説と解説の合わせ技で迫る！

310 福島健児
食虫植物
進化の迷宮をゆく
定価一九八〇円

植物なのに肉食なんて！　この特殊能力のわりにマイナーなのはなぜか。ベジタリアンもいるの？　妙な形や「胃腸」はどこから？　気鋭の研究者の道案内で、その妖しい魅力に心ゆくまで囚われよう。【カラー口絵16頁】

311 砂川玄志郎
人類冬眠計画
生死のはざまに踏み込む
定価一三二〇円

人々の間でイメージが出来上がっているが、いまだ技術として確立していない人工冬眠。実現に向けてブレイクスルーとなりうる成果に携わった研究者が、自身の体験や想いを交えながら「人類冬眠計画」を披露する。

312
広瀬友紀
ことばと算数 その間違いにはワケがある
定価一四三〇円

「かける数とかけられる数、どっちがどっち?」「マイナスのマイナスは……とってもマイナス?」混乱する原因は、ことばのしくみにあることも。言語学者が小学生の間違いをもとに、意外に深いことばと算数の関係にせまる。

313
藤田敏彦
ヒトデとクモヒトデ 謎の☆形動物
定価一七六〇円

なんなの、あの形? ひっくり返ったらどうする? あの体で子育てもするの……!? ☆の体で生きるとは、どういうことなのか。あの形はどこからきたのか。海の☆たちのディープな世界に、いざ、ずぶずぶとはまろう。【カラー版】

314
宮竹貴久
「死んだふり」で生きのびる
生き物たちの奇妙な戦略
定価一四三〇円

動きを止めて、奇妙なポーズで「死んだふり」。本当に生きのびやすくなるの? する・しないを決める要因とは? 将来、医療に死んだふりが役立つ!? 奇妙な行動戦略を深く掘り下げる、国内初の死んだふり入門書。

315
源　利文
環境ＤＮＡ入門
ただよう遺伝子は何を語るか
定価一三二〇円

生きものたちが「そこにいた」痕跡、環境ＤＮＡは、生物研究の新たな扉を開きつつある。海の水からそこにすむ魚がわかり、葉っぱのはみ跡から「犯人」がわかる……!? 第一人者が、その驚くべき可能性を臨場感たっぷりに語る。

316
竹市雅俊
あつまる細胞
体づくりの謎
定価一八七〇円

細胞は、自発的に「あつまって」私たちの体をつくる。いったんバラバラにしても、また集まる。なぜ……!? 素朴な疑問から、細胞間接着分子カドヘリンの発見、そしてさらなる謎解きの旅路をたどり、発生の妙へと読者をいざなう。

定価は消費税一〇％込です。二〇二四年二月現在

●岩波科学ライブラリー〈既刊書〉

317 羽馬哲也
宇宙の化学
プリズムで読み解く物質進化
定価一七六〇円

太古から人々は、虹という現象を介して太陽光が波長によって分かれる様子を目撃していた。この古くから知られる「分光」が、宇宙の物質進化を解明する鍵となる。さまざまな分野と結びついて発展してきた宇宙の化学の物語。

318 仲谷正史、山田真司、近藤洋史
脳がゾクゾクする不思議
ASMRを科学する
定価一五四〇円

ゾクゾク……、ゾワゾワ……、ウズウズ……。このような言葉で形容される感覚・反応であるASMR。謎に包まれたこの生理現象を科学的に解明することはできるのか？ 3人の研究者がそれぞれの専門領域から掘り下げる。

319 岡野原大輔
大規模言語モデルは新たな知能か
ChatGPTが変えた世界
定価一五四〇円

Chat GPTを支える大規模言語モデルとはどのような仕組みなのか。何が可能となり、どんな影響が考えられるのか。人の言語獲得の謎も解き明かすのか。新たな知能の正負両面をみつめ、今後の付き合い方を考える。

320 佐藤太裕
竹取工学物語
土木工学者、植物にものづくりを学ぶ
定価一五四〇円

適度に硬く、しなやか。中空円筒構造。驚異の成長力。特異な生態、形状や性質ゆえに古くから日本人の生活に溶け込んできた竹は、時に厄介者扱いも受ける。そんな竹に魅せられ、種々の植物に工学の視点で挑む研究者の物語。

321 山内一也
インフルエンザウイルスを発見した日本人
定価一五四〇円

1918年から流行したインフルエンザの病原体は細菌よりも小さなウイルスだと示した論文が、当時の日本から発表されていた。黄金期のパスツール研究所に連なる病原体の狩人たちの事績と人生をたどる、医学探究のドラマ。

定価は消費税一〇％込です。二〇二四年二月現在